子どものいじめと「いのち」のルール

―いのちから子育て・保育・教育を考える―

岡本富郎

創成社新書
34

はじめに

「あなたがたのうちだれが、思い悩んだからといって、寿命をわずかでも延ばすことができようか」

―イエス・キリスト―

（聖書マタイによる福音書6章27節）

この本は、子育て、保育、教育を自由に論じる本です。私は大学に身をおく一研究者、一教育者です。35年の長い間保育者養成に携わり、また教員養成の講師として教育学の講義を20年間担当してきました。そして現在は、勝手に「生命教育学」なる領域を名乗り、その内容を追求しています。この「生命教育学」は、保育、教育、福祉、医療をできる限り一体化して、子どもたちの成長、自立と幸せを考えようとする分野です。子どもたちの成長を教育のみで考えるのではなく、福祉、医療と合わせて追求しようとする私なりの意図から考え出しました。

子どもたちの存在は多様です。それらの子どもたちへの対応は一様ではありません。特に「いのち」の観点から子どもたちのことを考えるにあたって、今述べた、教育、福祉、医療の一体化の視点は欠かせないと思います。

そもそも、子育て、保育、教育は子どもたちの成長、自立と幸福を願ってなされる働きです。子育て、保育、教育、が成立するためには、まずなによりも、子どもたち自身が「生きている」ことが前提になります。しかし、この「生きている」ことそれ自体が脅かされている事実が現在あるのです。戦争で殺される子どもたち、難病で死ぬ子どもたち、事故で死ぬ子どもたち、他人に殺される子どもたち、いじめられて死に追い込まれる子どもたち、不意の、たとえば火事で死ぬ子どもたちなど、挙げればさまざまな理由や背景の下で死ぬ子どもたちがいます。このように子どもたちの「いのち」が脅かされている現実があることを確認したいと思います。

わが国の日本国憲法第13条には「すべて国民は、個人として尊重される。生命、自由及び幸福追求に対する国民の権利については、公共の福祉に反しない限り、立法その他の国政の上で、最大の尊重を必要とする。」と明記されています。ここには国民の生命に対する権利が記されています。何よりも1人ひとりの生命が守られなければなりません。このことはほかのいかなることにも増して優先されなければなりません。このことをまず基本的に確認しておきたいと思います。

そこでこの本では、子どもたちの「いのち」に焦点をあて、「いのち」から生きること、子育て、保育、教育、などを考えたいと思います。

1章では、「いのち」を大切にする子どもたちは、子育て、保育、教育ではどのようになっているのかを取り上げます。続いて2章では「いのちとは何か　死とは何か」という問題に切り込みます。少し難しい問題ですが避けて通れない問題です。3章では「いじめ」と、いじめによって自殺に追い込まれた子どもたちの問題を取り上げて、子どもたちの「いのち」問題に迫ります。最後の4章では以上の内容を受けて、「いのち」を大切にする子どもを育てる、子育て、保育、教育の在り方について考えます。

2009年7月

岡本富郎

目次

第1章　「いのち」からみた子育て、保育、教育の現状

「はじめに」のところでいったようにここでは、子どもたちの成長、自立、幸せを「いのち」の視点で考えたいと思います。わが子のいのち、すべての子どもたちのいのちは何よりも優先的に考えられなければなりません。いのちがあってこそほかのすべての子どもたちへの働きが成り立つのです。というより、まずはいのちがあること自体が重要であることを認識したい。もちろん、よりよい発達、楽しい体験や遊び、娯楽、家族での団欒等、これらは常に考えられ、追求されなければなりません、しかし、これらの内容と平行して、日頃からいのちの問題を心にとどめておきたい。後で述べますが人間の「死」は突然やってくることがあります。死の突発性、偶然性の性質が人間の生には伴っています。「SUDDEN DEATH」（サドン・デッス　突然の死）という言葉があります。これは死が本人の予期しないときに突然襲ってくることを表している死のことです。難しいことでは

ありますが、突然、死がやってきても不必要に嘆き悲しむことがないような者になりたいと思っているひとりです。身内や友人の死が突然やってきても、落ち着いて突然の死を迎えることができる者となりたい、と思うのです。というよりそのことよりも、私は死を考えることによって、生きる意味を考えたいのです。

1. 子どもたちはいのちをどう思っているか

子どもたちがいのちをどう思っているかということに言及する前に、今の子どもたちを取り巻くいのちに関わる環境について述べましょう。今、多くの子どもたちは虫や魚、小動物を自然の中で見たり、触ったりする体験に乏しい。また、それら生物の死に出くわすことや見ることも少ない。現在の子どもたちはいのちを体感する機会に恵まれていないのです。店で売っている、鳥、魚や豚、牛等の食料品も切り身になってきれいに包まれています。子どもたちは、いのちの元である血や肉が切り裂かれる場面を見ることもない。そして、かつて程、人間が死ぬ場面に会うこともほとんどなくなってきています。今では病院で死ぬことが多いからです。

ある調査では中学生たちは80％の割合で何らかの死に出会っている、とされています。

しかし、その出会いの回数や密度は以前の子どもたちとは異なると思います。機械のカブトムシが本物だと思う子どもたちがいることは以前からいわれていることですが、本物を見ていない子どもたちにとっては無理もないことです。

本からのデータの紹介と論文からの紹介をしましょう。

ここでは、『死をとおして生を考える教育　子どもたちの健やかな未来をめざして』に紹介されている、服部慶亘氏の調査を紹介しましょう。小学生372名、内3年生74名、4年生126名、5年生66名、6年生106名です。

「身近な人の死を経験したことがありますか」に対しては「3人以上あります」が40人で10・6%。「1~2人あります」が225人で、60・5%。「ない」が96人で25・8%、となっていました。その中で「あります」と答えた人に、「その人は誰ですか」と聞いたら「おじいさん、おばあさん」が142人でした。

「一度死んだ人が生き返ることがあると思いますか」に対しては、「あります」が126人で33・9%、「ない」が126人で33・9%、「わからない」が117人で31・5%でした。この数字をどのように解釈するかは簡単ではありませんが、一度死んだ人が生き返ることがあると答えた子どもが約3割いるという事実がわかります。私は思ったより多いと感じました。また、「わからない」が、31・5％あることも多いと感じました。

次に「死ということばを聴いて何を思い浮かべますか」（複数回答）に対しては次のとおりでした。「悲しい」が283人、「こわい」が237人、「つらい」が197人で、「さびしい」が157人、「くらい」が12人でした。

「魂や霊魂の世界がこの世にあると思いますか」に対しては、「あると思います」が164人で44・1％、「ないと思います」が122人で32・8％「わからない」が21人で5・6％でした。この数字をどう解釈するかはそう簡単ではありません。「命は大事だと思いますか」に対しては「はい」が369人で、99・2％でした。

2．小金井みどり幼稚園の子どもたちの、いのちにかかわる言葉

ここでは、小金井みどり幼稚園の先生方に頼んで過去6年間、子どもの言葉の中から、いのちにかかわると思われる言葉を集めてもらいました。その言葉を3歳、4歳、5歳に分けていくつかを紹介し、子どもたちがいのちについてどのように感じているかを考えたいと思います。

3歳児の言葉

【事例1】1人の子が、ミミズを拾い、部屋に投げ入れました。するると違う男の子が足で踏み潰してしまいました。その子は「だって、こわいんだもん」といいました。

3歳児は身近な小動物に対して、怖いというイメージをもっているようです。したがって、怖いという感覚をもっている3歳児に対していのちが大切だというような道徳的なことを考えることは難しいようです。

【事例2】先生「あっ、雲が動いてるね。どうして動くんだと思う?」

A子「知ってるよ、雲も生きてるから」

子どもは雲や無生物も、動いているものは生きていると捉えているようです。たとえば、鯉のぼりが風に揺れて動いていると、「あ、生きて動いている」といい、風が止まって鯉のぼりが垂れ下がってしまうと、「あっ死んでしまった」といいます。

4歳児の言葉

【事例1】A男がてんとう虫を見つけていじっていたら動かなくなりました。

A男「あれっ、僕なにもしてないのに死んでしまった。先生が踏んだの？　誰か踏んだ？
あれっ！　つぶれてないけど」
先生「動かなくなった？」
A男「うん。そのうち少し大きくなって出てくるよ」
先生「明日には出てくるかな？」
A男「そのうちにね」
B男が砂山だと思って掘り返した。
A男「なにすんだよ！　せっかく墓作ったのに」
B男「なんにもいないよ」
A男「ほんとだ。元気になってどっかに行ったかな？」
4歳児は死んでしまった虫が生き返って、しかも大きくなって出てくる、と信じています。A男の「元気になってどっかに行ったかな？」という表現に現れています。

【事例2】弁当時に、おじいちゃん、ひいおじいちゃんの話をしていました。
A子「私のひいおじいちゃんは　死んじゃったけどねー」
B男「それで？　死んでどうした？」

A子は沈黙。

B男「死んでどうした？」

A子沈黙。同じやり取りが7回続きました。

B男は少しずつ強い口調になりながら聞く。

A子「わかんないよー。私が生まれる前だし」

その答えを聞いてB男も黙ってしまいました。

ここからは、4歳児が人間の死を体験し、死自体を理解できなくて、変に思っている様子がわかります。死んで、どうなるのかが理解できないでいる様子が垣間見えます。

5歳児の言葉

【事例1】飼育当番をしているとき、2羽の鶏が死んでいるのを、子どもたちが見つけました。
A子「捨てないで、かわいそうだから土に埋めてあげて」
B男「死んだらお墓に埋めるんだよ」
B子「ひよこを温めて、疲れて死んじゃったんだよ」

5歳児になると、動物の死に対して理由を探すことができるようなります。ここで「ひよこを暖めて疲れた」という、自分のいのちを使い果たした鶏の死を悼む気持ちが感じられます。また、土に埋めるのではなく、お墓に埋めるという、大人社会の埋葬の仕方を知っていることがわかります。

【事例2】A男「みんな　俺の家族全員つれてきて、やっつけてやる！」
ほかの男の子たち「ばーか、自分でやれよ」
A男「じゃあ、いい。俺が死ぬから」

A男は1人ではかなわないので、家族みんなを連れてきて、やっつけるという。しかし、それにしても、この会話の内容は、気になります。家族のみんなを連れてきて、やっつけるというこの子の悔しさ、悲しさは何なのでしょうか。そして友達「ばーか、自分でやれよ」といわれて「じゃあ　俺が死ぬから」という、この子の、この言葉はかなりの悔しい思いをあらわにしているものとして理解できます。やっつけることができない代わりに自分が死ぬという、この子の気持ちはなんなのでしょう。

【事例3】A男がクルクルシャボン玉をまわしすぎてグチャグチャにしてしまいました。
周囲の子たち「誰がやった？」「A男！」「誰が壊したの？」「A男！」

A男「もう死にたい。生まれてこなければよかった」

この会話から、5歳児は、いやなことがあると、この世から死んで離れたいという感情をもつということが見て取れます。死ぬことでつらいことから逃れたいという感情は大人と同じです。もちろん実行するかどうかについては、そこまで深刻には考えてはいないでしょう。しかし、死によって逃れるという発想をもつことはできるのです。

3. 学校教育でいのちの教育の基本はどのように考えられているか
―「教育基本法」の考え―

現在学校教育の場で、いじめがいまだに存在し、いじめられて自殺をする子どもたちもいます。また、直接いのちにかかわることではありませんが、心のいのちがしぼむ問題として校内暴力や体罰の問題が存在します。学校では一体いのちを大切にする教育がどのように考えられているのでしょうか？

「教育基本法」といのち

そのことを考えるにあたって、わが国の教育の基本がどうなっているのかを見てみましょう。わが国の教育の基本は「教育基本法」という法律に書かれています。この法律は教育の憲法ともいわれており、わが国の教育にとって重要な内容が書かれています。元は昭和22年に制定されたものですが、平成20年5月29日に改定されました。

まずその前文を紹介しましょう。

「我々日本国民は、たゆまぬ努力によって築いてきた民主的で文化的な国家を更に発展させるとともに、世界の平和と人類の福祉の向上に貢献することを願うものである。

我々は、この理想を実現するため、個人の尊厳を重んじ、真理と正義を希求し、公共の精神を尊び、豊かな人間性と創造性を備えた人間の育成を期するとともに、伝統を継承し、新しい文化の創造を目指す教育を推進する。

ここに、我々は、日本国憲法の精神にのっとり、我が国の未来を切り拓く教育の基本を確立し、その振興を図るため、この法律を制定する。」

このように、わが国の教育の基本が明記されています。ここには「日本国憲法の精神にのっとり」という表現がなされています。われわれは「教育基本法」が日本国憲法の精神に則っているということが明記されていることを確認しておきたい。このことは重要です。日本国憲法は、主権が国民にあるということを宣言しています、また、基本的人権が保障されるということも明記されています。そして、戦争をしないということを高らかに謳っています。

教育基本法はこの素晴らしい日本国憲法に則って作成されているのです。そしてこの教育基本法には教育の目的が次のように記されているのです。

教育の目的―人格の完成について―

「教育基本法」第1条には教育の目的が次のように書かれています。

「教育は、人格の完成を目指し、平和で民主的な国家及び社会の形成者として必要な資質を備えた心身ともに健康な国民の育成を期して行われなければならない。」

まずここで考えたいことがあります。ここには、教育の目的が「人格の完成を目指す」と記されています。このことはとても大切です。教育の目的は、知識の取得や高学歴を得ることとは書かれてはいません。就職のためとも書かれていません。「人格の完成を目指す」と書かれているのです。そこでですが、この「人格の完成を目指す」とはどういうことなのでしょうか。ここでいう人格は、人間としての倫理的な在り方を指します。もっとわかりやすくいうと人間として善い人を目指す、ということです。

そこで、善い人間とはどういう人のことをいうのでしょうか。私は「自分を愛するように、人をも愛する人」のことだと考えます。「自分のいのちを愛し、人のいのちをも愛する人」のことだと考えます。教育はこのような人間になることを目指して行われなければならないのです。

そして、この「教育基本法」の目的にはさらに「平和で民主的な国家及び社会の形成者として必要な資質を備えた心身ともに健康な国民の育成」という文章が記されています。平和を形成する国民の育成は、戦争で人のいのちを奪うことをしない人間の育成を意味します。

そして、現在では平和の概念は、単に戦争をしないということだけではなく、「人が共に生きる生がうまくいっている状態」と考える人がいます。私もこの考えに同感です。したがって、私たちはいじめとか、「仲間はずし」をするような子どもに育ててはいけないのです。教育はこのことをしっかりと基本にすえて進められなければならないと強く思います。

現在のわが国の教育は、今述べたようなことを基本に据えてなされているのでしょうか。私にはどうもそうは思えないのです。子どもたちが学校で教わる教育内容は、そもそも私が今述べた内容を重視して構成されているとは思えないのです。このことについては後でふれましょう。

次に「教育基本法」の第2条の「教育の目標」を紹介しましょう。

「教育は、その目的を実現するため、学問の自由を尊重しつつ、次に掲げる目標を達成するよう行われるものとする」とあり、以下5つの目標を掲げています。その第4番目に新たに、「生命を尊び、自然を大切にし、環境の保全に寄与する態度を養うこと」という文章があります。この「生命を尊び」という表現がはじめて教育の目標として明記されました。このことはいのちの教育を進めるうえで大きな意味をもっていると思います。

そこで次に保育の世界ではいのちの教育がどのように考えられているかを見ることにしましょう。

4. 保育の世界ではいのちはどのように考えられているか

―「幼稚園教育要領」「保育所保育指針」をめぐって―

幼稚園の目的、目標といのちの保育

まず、国の法令で、いのちを大切にする保育、教育がどのように考えられているのかと

いうことに焦点をあてて述べることにします。

まず、「教育基本法」にはじめて、「幼児期の教育」という表現が新たに条文として加わりました。

第11条には「幼児期の教育は、生涯にわたる人格形成の基礎を培う重要なものであることにかんがみ、国及び地方公共団体は、幼児の健やかな成長に資する良好な環境の整備その他適当な方法によって、その振興に努めなければならない。」と記されています。「教育基本法」に幼児期の教育の重要性が明記されたことは喜ばしいことです。そのことをまず確認したうえで、幼稚園教育におけるいのちの教育にふれることにしましょう。

まず、知っておきたいことは、わが国においては、教育の内容を文部科学大臣が決めるようにという法律が定められているということです。「学校教育法」第33条に「小学校の教育課程に関する事項は、第29条及び第30条の規程に従い、文部科学大臣が定める。」となっています。中学校、高等学校も同様です。また、「学校教育法施行規則」第52条には「小学校の教育課程については、この節に定めるもののほか、教育課程の基準として文部科学大臣が別に公示する小学校学習指導要領によるものとする。」と定められています。中学校、高等学校も同様です。国が、子どもの学校生活の教育内容を権限をもって決めているのです。ここでいわれている「教育課程」とは、各教科、道徳、特別活動、総合的な学習等、学校生活のすべての内容であると考えてよいでしょう。

この教育課程は幼稚園においては「幼稚園教育要領」、小学校以上は「小学校学習指導要領」、「中学校学習指導要領」、「高等学校学習指導要領」となっています。

保育所においては、保育所が学校ではなく、児童福祉施設であることから文部科学大臣が保育内容を決めることはできません。「幼稚園教育要領」と同じようなものとして、厚生労働省が告示として出している「保育所保育指針」があります。この「保育所保育指針」は今までと異なって、2009年度より最低基準としての規範性をもつものとして施行されるように改定されました。「幼稚園教育要領」も改訂の作業が終わり、2009年より新しい「幼稚園教育要領」が施行されます。そこで幼稚園の教育の目的と目標をまずみることにしましょう。その上でそれらといのちを大切にする教育との関連をみることにしたいと思います。

新しい学校教育法第22条には「幼稚園は、義務教育及びその後の教育の基礎を培うものとして、幼児を保育し、幼児の健やかな成長のために適当な環境を与えて、その心身の発達を助長することを目的とする。」と記されています。ここには直接いのちの教育は取り上げられてはいません。したがって、国は幼稚園教育の目的としてはいのちの大切さを取り上げているとはいえない、と考えることが妥当だと思います。

次に幼稚園教育の目標についてみましょう。「学校教育法」第23条に教育目標が5項目にわたって記されています。これは後で述べる5領域（保育内容としての5つの領域）につながる基本となっています。1つひとつみることにしましょう。

まず、「一．健康、安全で幸福な生活のために必要な基本的な習慣を養い、身体諸機能の調和的発達を図ること。」とあります。

ここで健康で安全で幸福な生活、とあります。健康な生活はいのちを大切にする教育内容と結びつけることはできます。健康の内容概念としては一般的には現在のところ、体、心、社会性が考えられています。体はいのちと密接な関係にあります。その内容については後の5領域の解説の箇所で言及しましょう。心、社会性も同様にして後で述べることにします。

次に「二．集団生活を通じて、喜んでこれに参加する態度を養うとともに家族や身近な人への信頼感を深め、自主、自律及び協同の精神並びに規範意識の芽生えを養うこと。」と記されています。

「集団生活」を経験することは、社会的ないのち（周囲の社会とのつながりがあるとき、社会的ないのちがあると考えます）とつながります。いのちは生物的ないのちだけではなく、社会的なつながりとしても考えられるということを考えるときに、集団生活を経験することは重要です。今述べた、いのちに、社会的ないのちがあることについては第2章で述べます。

「三．身近な社会生活、生命及び自然に対する興味を養い、それらに対する正しい理解と態度及び思考力の芽生えを養うこと。」とあります。

「身近な社会生活を知ること」は社会的ないのちにつながる意味で大切です。また、「生命、自然に対する正しい理解と態度の芽生えを養うこと」という内容は、人間、そして動植物等の自然のいのちを尊重する心を育てる上でとても大切です。

「四．日常の会話や、絵本、童話等に親しむことを通じて、言葉の使い方を正しく導くとともに、相手の話を理解しようとする態度を養うこと。」とあります。

童話、絵本でいのちにかかわる内容を取り上げて子どもたちに読んであげることはいのちの教育にとって、大切な役割をもっています。

「五．音楽、身体による表現、造形等に親しむことを通じて、豊かな感性と表現力の芽生えを養うこと。」とあります。ここでは葉っぱや、動物になって表現を楽しむ等、いのちに関する題材を選んで教育に取り上げることができます。

「幼稚園教育要領」といのち

「幼稚園教育要領」は、国が定めた法的規範性をもつ内容であり、どの幼稚園もこの内容に則って保育を進めなくてはなりません。したがって幼稚園の子どもたちにとって、かなり重要な内容と考えるべきです。「幼稚園教育要領」において、幼児たちに対していのちの大切さをどのように取り扱っているかを知ることは、人格の基礎を培う幼稚園教育にとって、かなり重要です。

さて、「幼稚園教育要領」の最初の「総則」には1.「幼稚園の基本」が記されています。そこには教育上基本的な内容が確かに記されていますが、いのちに関する記述はみられません。幼稚園教育の基本としてはいのちの内容は取り上げられてはいないといわざるを得ません。私はこのことをとても残念に思います。わが国の幼児に対する教育の内容として、いのちが取り上げられていないことは根本的な問題であると思います。わが国の将来を担う幼児に、いのちの大切さを早い時期から教える教育を進めないこの国の教育は、根本的な過ちを内包しているといわざるを得ません。この国の将来を憂える者の1人として、残念な気持ちを抱かざるを得ません。明治以降わが国の教育は経済を重視し、人間としての在り方を問う教育をしてこなかった。このことを将来に向けて強くいっておかなければなりません。

保育内容「5領域」でのいのちの取り扱い

幼稚園、保育園で行われる保育の内容として「5領域」という言葉で表される内容が存在します。その「5領域」をまず紹介しましょう。「健康」「人間関係」「環境」「言葉」「表現」、の5つの領域です。これらは子どもの発達の側面を表すものです。子どもの発達を表す表現はほかにも「情緒」「感性」「社会性」「自然」等があります。子どもたちの発達を見る視点としての、この5領域の中に、いのちにかかわる内容があるかどうかをみてみたいと思います。

その際に先に断っておきたいことは、「ねらい」と「内容」という言葉です。「ねらいは幼稚園修了までに育つことが期待される生きる力の基礎となる心情、意欲、態度など」であり「内容はねらいを達成するために指導する事項である」と説明されています。

まず、領域「健康」には、「健康な心と体を育て、自ら健康で安全な生活をつくり出す力を養う。」と書かれています。あえていうならば、「健康な心と体」という表現の中に、いのちを読み取ることも可能です。しかし、直接いのちについて述べているようには解釈できません。この領域「健康」の「ねらい」にはいのちにかかわる表現はありません。「内容の取扱い」にかろうじて「自分の体を大切にしようとする気持ちが育つようにすること。」とあります。自分の体を大切にしようという気持ちがいのちを大切にしようとすることにつながるといえばつながります。しかし、この内容もいのちを直接意識したものとは思えません。

次に領域「人間関係」についてみましょう。まず「他の人々と親しみ、支え合って生活するために、自立心を育て、人とかかわる力を養う。」とあります。いのちが「社会的ないのち」の側面として考えられるならば、「社会的なつながりとしてのいのち」としてここで表現されている内容を考えることができます。「内容」にはこれもかろうじて「高齢者をはじめ地域の人々など自分の生活に関係の深いいろいろな人に親しみをもつ。」とあります。地域の高齢者に親しみをもつ体験はいのちを感じることにつながるという意味ではいのちに関係するといえばいえます。

「内容の取扱い」の中に「幼児が他の幼児とのかかわりの中で他人の存在に気付き、相手を尊重する気持ちをもって行動できるようにし、また、自然や身近な動植物に親しむことなどを通して豊かな心情が育つようにすること。」と記されています。ここの「他人の存在に気付き」ということは他人が生きて身近にいるということに気づき、ほかのいのちにそれとなく気づく意味があるといってよいと思います。また「自然や身近な動植物に親しむこと」で豊かな心情が育ち、動植物のいのちにそれとなくふれることができると考えてよいと思います。また「高齢者をはじめ地域の人々などに親しみをもち、人とかかわることの楽しさや人の役に立つ喜びを味わうことができるようにすること。」とあります。これも大切です。特に「人の役に立つ」ということは、人のいのちを大切にすることにつながることともいえます。

3番目に、領域「環境」の内容をみることにしましょう。「ねらい」には「身近な環境に親しみ、自然と触れ合う中で様々な事象に興味や関心をもつ。」とあります。ここには自然と触れ合う中でさまざまな事象に興味や関心をもつことが記されています。このことは幼児期にいのちの大切さを教えるにあたって大切なことです。つまり、幼児は小さいときから、周囲の自然と接することで自然のいのちの営みにふれ、体の中にいのちを感じ取っていくと思うからです。木や葉っぱ、花、草、木の実、虫やリス等を見て、子どもたちは自然のいのちを吸い込むのです。

東京のある保育園に行って観察をしたことがあります。2歳児3人が嬉々として、どんぐりを小さいバケツに拾っては入れていました。その表情は自然から引き出された美しいものでした。「こっちにもありますよ！」「いっぱいありますよ！」と口々に言葉を発しながら集める姿はさながら自然と一緒に遊んでいるようでした。女性の保育士は「おうちにお土産にもっていくんだよね」とニコニコ言葉を添えていました。保育士も子どもたちと、どんぐりと一緒になって太陽の下で自然を浴びていました。このような自然との触れ合いは子どもたちにいのちを感じさせ、いのちを心と体の中にしみこませる働きをするのだと思います。ルソーが、自然は最良の教師だといいましたが、まさにその通りだといえます。

この領域「環境」の「内容」には「自然に触れて生活し、その大きさ、美しさ、不思議さなどに気付く。」と書かれています。また「季節により自然や人間の生活に変化のあることに気付く。」「自然などの身近な事象に関心をもち、取り入れて遊ぶ」と書かれています。季節の移り変わりにも気づき、その移り変わりに即して子どもたち自身の生活にも変化があることに気づくことができます。自然、宇宙の移り変わりをわが身をもって感じるのです。暑ければ薄着、寒くなれば厚着になる、等のことをとおしてです。

この領域「環境」では私が高く評価したい内容が掲げられています。「身近な動植物に親しみをもって接し、生命の尊さに気付き、いたわったり、大切にしたりする。」と明示されています。ここでは「生命の尊さに気付き、いたわったり、大切にすること」を教えようとすることを主張しています。この内容はすべての保育者に深く知ってもらい、実践してもらいたい。このことについて、「内容の取扱い」の箇所では「幼児期において自然のもつ意味は大きく、自然の大きさ、美しさ、不思議さなどに直接触れる体験を通して、幼児の心が安らぎ、豊かな感情、好奇心、思考力、表現力の基礎が培われることを踏まえ、幼児が自然とのかかわりを深めることができるよう工夫すること。」と書かれています。

自然と触れ合う中で幼児自身の心が安らぐということが説明されています。この見方は素晴らしい。自然から一種の癒しを子どもも感じるのです。子どもたちは大人より自然に近い。感じ方も、考え方も自然に近い。子どもたちの方が自然を感じ取る感性はもち合わせていると思います。

さらにここには「身近な事象や動植物に対する感動を伝え合い、共感し合うことなどを通して自分からかかわろうとする意欲を育てるとともに、様々なかかわり方を通してそれらに対する親しみや畏敬の念、生命を大切にする気持ち、公共心、探究心などが養われるようにすること。」と書かれています。ここにはいのちの教育の内容として大切なことが書かれています。まず「身近な自然や動植物に対する畏敬の念、生命を大切にする気持ちが養われるようにすること。」とあります。身近な自然の中には、雨、太陽、風、等の変化、働きがあり、それらはいのちと密接な関係にあります。子どもたちはこうした働きにふれることをとおしていのちそのものを自分の中に吸収するのです。この畏敬の念の中身についてはさまざまな解釈があります。広辞苑によると「(崇高、偉大なものを)かしこまり敬うこと」となっています。崇高、偉大なものとは自然や人間を超えた何らかの存在と考えてよいと思います。遺伝子の学者である飯田史彦は、「SOMETHING GREAT(何か偉大な存在)」と呼んでいます。大いなる存在といったり、絶対者といったりその表現はいろいろです。一般的には神、仏でしょう。そもそも「神」という文字は、左の「ネ」は神にお供えをする備えの箱と、箱の周りの霊を意味し、「申」は、雷のいかずちの光線を表します。つまり、目に見えない人間を超えた霊の存在と、人間の力を超えた自然界の偉大さを表す文字です。古来人々は何か不思議な現象や人間を超えた存在を敬い拝んできました。近代科学の支配のもとで人間はそのような存在に対して、思考を深くめぐらしてきませんでした。目に見えるものだけではなく、目に見えない存在、特に人間の力の限界をも見越した存在に心を向けることは大切です。人類が科学の力で月に行ったといって人間の力を誇示しますが、たかだか宇宙のほんの隅っこに足を一歩前に出しただけです。

次の領域「言葉」にはいのちにかかわる内容はみられないので省きましょう。

最後の領域「表現」においては直接というより、間接的にいのちにかかわる内容が書かれています。「内容の取扱い」の箇所に「豊かな感性は、自然などの身近な環境と十分にかかわる中で美しいもの、優れたもの、心を動かす出来事などに出会い、そこから得た感動を他の幼児や教師と共有し、様々に表現することなどを通して養われるようにすること。」とあります。

ここには領域「環境」とやや似ている内容が記されています。「身近な環境とかかわる中で美しいもの、心を動かす出来事などに出会い」とあります。子どもたちが身近な自然、動植物等とふれ合って心を動かす出来事に出会うことの素晴らしさを表現しています。「出会う」ということは教育学者のドイツのボルノウにいわせると、出会う人の生活を180度変えることを意味します。何かと出会って、そのときに、変わることが望めなくても、子どもの心の中に長く深く残る体験となることと考えてよいと思います。そして、出会った内容を自分なりに表現することによって仲間とその素晴らしさを共有することができるのです。「いのちっていいね」という感覚を育てることにつながると思います。

ここまで「幼稚園教育要領」の中のいのちにかかわる内容についてみてきました。まとめてみると、基本的な内容として、いのちについては直接述べてはいません。このことは私としては残念なことです。今後わが国の幼稚園の子どもたちにもっと、いのちの大切さを教える教育が進められていかなければなりません。

「保育所保育指針」といのち

次に厚生労働省から新しく、規範性をもつ基準として出された告示である「保育所保育指針」についてみることにしましょう。

この「保育所保育指針」の「3　保育の原理」の中に「(1) 保育の目標」という内容が明示されています。その中の (エ) に「生命、自然及び社会の事象についての興味や関心を育て、それらに対する豊かな心情や思考力の芽生えを培うこと。」と記されています。今回初めて「生命」という文字が追加されたことは評価してよいと思います。しかし、「保育所保育指針」には　保育の基本としていのちのことには直接的にはまったくふれてはいません。どちらかというと、保育士に暖かく見守られている中で自分とほかの子どもの存在を大切にする保育がなされることが主張されています。これは保育のうえでは大切なことです。しかし私としてはもっといのちについて直接的に述べてほしいと思います。

さて、改定された「保育所保育指針」には年齢別区分をしないで「5領域」が記されています。その中から「いのち」に関連する内容をみることにしましょう。

まず、「健康」の領域を見ましょう。領域「健康」では、かろうじて「自分の健康に関心を持ち、病気の予防などに必要な活動を進んで行う。」とあります。自分の健康に関心をもつことで、生物的ないのちを間接的に感じることとして理解できるでしょう。

次に、領域「人間関係」についてみましょう。この領域は、友達や保育士と心が通じるということが、心のいのちの通じ合いであり、いのちとかかわるといえなくもないと思います。

領域「環境」では「自然にふれて生活し、その大きさ、美しさ、不思議さなどに気付く。」とあります。自然にふれることをとおして「自然のいのち」を感じることができると思います。

また、「身近な動植物に親しみを持ち、いたわったり、大切にしたり、作物を育てたり、味わうなどして、生命の尊さに気付く。」とあります。動物の飼育、植物の栽培を通じて「生命の尊さ」に気づくことが書かれてあり、評価してよいでしょう。

領域「環境」で、身近な動植物に親しんだりいたわったり、育てたり、味わったりすることで、生命の尊さに気づくことを考えていることは注目すべきでしょう。家庭ではなかなか動植物の世話をする機会はなくなってきましたが、保育園では世話をする体験が可能です。ウサギにえさをあげたり、チューリップに水をあげたりすることで、いのちに対する親近感、愛情を育てることができます。

領域「言葉」「表現」ではいのちにかかわる表現はみられません。

以上「保育所保育指針」の中のいのちにかかわる内容を「5領域」を中心にみてきました。結論として、「保育所保育指針」には、基本的な保育の内容として、直接いのちを考え、位置づけているということはいえないと思います。

5. 学校教育でのいのちの取り扱い ―「学習指導要領」をめぐって―

私は学校教育では、「いのちを大切にする教育」を推進しなければならないと思っています。そしてもう1つ、「人に対する愛の大切さ」を教える必要があると思っています。

先にも述べたように、日本の教育の憲法ともいわれている「教育基本法」には教育の目的が「教育は人格の完成を目指す」と明記されています。

ここに記されている人格の内容は倫理学的な内容です。つまり人格は変化しないのではなく、完成に向かって高まっていく内容として考えられています。そしてこの人格の中心を私は「愛」だと思っています。愛自体の定義は多くあります。私は私なりに「愛とは、生きとし生けるものの幸せを願うところの絶対無償の受容であり、その受容に基づいていのちを捨てることである。」と考えています。もちろんこの愛の考えが絶対正しいなどとは思っていません。しかし、少なくとも、愛は他者の幸せのために自分のいのちを捨てることであると考えたい。

ここでは、私たちは教育内容が書かれている「学習指導要領」に注目したいと思います。この「学習指導要領」には文部科学大臣が決めた教育内容が書かれています。この「学習指導要領」に基づいて教科書は書かれています。したがってこの「学習指導要領」に書かれている内容の中に、いのちに関わる内容がどのように取り扱われているかは重要です。

そこで早速「学習指導要領」を探ることにしたい。

「学習指導要領」におけるいのちの取り扱い

文部科学省は小学校、中学校、高等学校の別に「学習指導要領」を告示（法的規範性をもつもの）として公布しています。ここでは小学校の「学習指導要領」だけを扱うことにします。小学校段階でいのちにかかわる内容を早くから教えるべきだという考えを私はもっているからです。

小学校の「学習指導要領」には以下のように書かれています。引用をして解説を試みましょう。これは平成20年3月に告示として出されたものです。

まず、第1章　総則　第1「教育課程編成の一般方針」の中に次のような内容が書かれています。

「2　学校における道徳教育は、道徳の時間を要《かなめ》として学校の教育活動全体を通じて行うものであり、道徳の時間はもとより、各教科、外国語活動、総合的な学習の時間及び特別活動のそれぞれの特質に応じて、児童の発達の段階を考慮して、適切な指導を行わなければならない。」

そして「道徳教育は、教育基本法及び学校教育法に定められた教育の根本精神に基づき、人間尊重の精神と生命に対する畏敬の念を家庭、学校、その他社会における具体的な生活の中に生かし、豊かな心をもち、伝統と文化を尊重し、それらをはぐくんできた我が国と郷土を愛し、個性豊かな文化の創造を図るとともに、公共の精神を尊び、民主的な社会及び国家の発展に努め、他国を尊重し国際社会の平和と発展や環境の保全に貢献し未来を拓《ひら》く主体性のある日本人を育成するため、その基盤としての道徳性を養うことを目標とする。」と書かれています。

ここには「生命に対する畏敬の念を家庭、学校、その他社会における具体的な生活の中に生かし」と書かれています。このことは深い意味をもっています。そして重要です。しかし、「生命に対する畏敬の念」そのものをどう育てるかが問われなければなりません。

総合的な学習

総合的な学習の目標として、「学び方やものの考え方を身に付け、問題の解決や探究活動に主体的、創造的、協同的に取り組む態度を育て、自己の生き方を考えることができるようにする。」と書かれています。

ここから直接いのちに関する内容は汲み取れません。しかし、実際には、この内容から自由に考え、総合的な学習の時間にいのちについて学ぶ学校が増えているように思います。

戦争や、動植物の育ちと死、性の問題やお産、老いていくことや病気、特に癌にかかっている人を直接学校に呼んでその人から話を聞く教育実践が存在します。また、妊娠している人に学校にきてもらって話を聞く実践も広がっています。その他、わが子を事故や病気で亡くした人の話を聞く学校も出てきています。

総合的な学習では、多様ないのちにかかわる教育実践がなお可能であることを知って今後も取り組む必要があります。その意味では平成20年度告示の改訂で、総合的な学習の時間が減らされたことは、残念でなりません。国が何を重視して教育内容を位置づけるかが問われている問題です。

次に「学習指導要領」では各教科について書かれていますので、いのちにかかわる点に焦点を絞ってみることにしましょう。順を追って引用し説明をしたい。

ここで取り上げる「学習指導要領」は1年生から6年生までの平成20年告示のものです。その中のまず、「第2章　各教科」の国語を見ましょう。次のように記されています。

「第3　指導計画の作成と内容の取扱い

3　教材については、次の事項に留意するものとする。

カ　生命を尊重し、他人を思いやる心を育てるのに役立つこと。

キ　自然を愛し、美しいものに感動する心を育てるのに役立つこと。」

ここに「生命を尊重し、他人を思いやる心を育てるのに役立つこと。」とあります。国語の教材の取り上げ方として「生命を尊重」することに役立つことが書かれていることを評価したい。また、「他人を思いやる心を育てる」ために役立つことも、間接的には他人のいのちをも尊重することにつながる内容として考えてもよいでしょう。

もう一点、「自然を愛し、美しいものに感動する心を育てるのに役立つこと。」と書かれています。子どもたちは自然のいのちにふれて、自然を愛し、美しいものに感動することをとおして自然のいのちの美しさを少しずつ学び取っていくことと思います。

教科としての社会、算数にはいのちにかかわる内容は見当たりません。

理　科

目標の箇所に、「自然に親しみ、見通しをもって観察、実験などを行い、問題解決の能力と自然を愛する心情を育てるとともに、自然の事物・現象についての実感を伴った理解を図り、科学的な見方や考え方を養う。」とあります。ここにかろうじて「自然に親しみ」とか「自然を愛する心情を育てる」という表現がなされています。いのちそのもの、というより、自然との触れ合いを通じて自然に親しむ、自然を愛することの大切さを書いているだけです。

ここで「理科」の各学年の目標についてみてみましょう。

4年生の目標には「動物の活動や植物の成長、天気の様子、月や星の位置の変化を運動、季節、気温、時間と関係付けながら調べ、見いだした問題を興味・関心をもって追究する活動を通して、生物を愛護する態度を育てるとともに・・・」とあります。

これが5年生になると「生命を尊重する態度を育てるとともに、生命の連続性・・・についての見方や考え方を養う。」と発展します。6年生においては「生物の体のつくりと働き、生物と環境・・・推論しながら調べ・・・生命を尊重する態度を育てる・・・。」と表現されます。

ここには「生命を尊重する態度を育てる」ことと「生命の連続性についての見方や考え方を養う」、ことが記されています。動植物の実際の生態を観察しながら「いのちに対する態度や考え方」を育てることがここでは確認できます。

生活科

第5節の生活科では次のように書いてあります。

「第2　各学年の目標及び内容」の中の「第1学年及び第2学年」の箇所に、「1　目標」

が書かれています。その目標には「自分と身近な動物や植物などの自然とのかかわりに関心をもち、自然のすばらしさに気付き・・・。」と書かれています。また、「内容」の箇所には「動物を飼ったり植物を育てたりして、それらの育つ場所、変化や成長の様子に関心をもち、また、それらは生命をもっていることや成長していることに気付き、生き物への親しみをもち、大切にすることができるようにする。」とあります。

この内容も大切です。動物を飼ったり、植物を育てることで子どもたちは、それらの変化や成長に気づき、それらの動植物が生命をもっていることを知ることができるのです。そして、生き物への親しみをもち、生き物を大切にすることができるようになるのです。

体育

「G　保健」の部分を見ましょう。

「(2) 体の発育・発達について理解できるようにする。

イ　体は、思春期になると次第に大人の体に近づき、体つきが変わったり、初経、精通などが起こったりすること。また、異性への関心が芽生えること。」とあります。

思春期になると次第に大人の体に近づき、体つきが変わります。そして初経、精通、声変わり等、子どもたちは自分でその変化に気づきます。このように子どもたちが自分で体の発育・発達について理解することで自分自身のいのちについて自覚できるようになっていきます。そして、この気づきは他の同年齢の友達のいのちの理解にもつながるのです。

道徳

「第3章　道徳」

「第1　目標」

まず、「道徳教育の目標は、第1章総則の第1の2に示すところにより、学校の教育活動全体を通じて、道徳的な心情、判断力、実践意欲と態度などの道徳性を養うこととする。」と基本的な内容が記されています。その上で各学年ごとに内容が書かれています。

「［第1学年及び第2学年］

3　主として自然や崇高なものとのかかわりに関すること。

(1) 生きることを喜び、生命を大切にする心をもつ。

(2) 身近な自然に親しみ、動植物に優しい心で接する。

(3) 美しいものに触れ、すがすがしい心をもつ。」

1、2年生では、主として自然や崇高なものとのかかわりに関すること、という項目の中で今引用した3つの内容が明示されています。解説しましょう。

「(1) 生きることを喜び、生命を大切にする心をもつ。」とあります。生命を大切にすることができるようになるためには、まず、生きることを子どもたち自身が喜ぶことが最低限必要です。生きることを喜ぶことができないで、生命そのものを大切にすることは難しいことです。そして、後半に「生命を大切にする心をもつ。」とあります。目標として生命を大切にすることが書かれていますが、このことは今確認したようにできる限り多くの動植物の生命にふれる体験をとおしてなされるのです。

次に、「(2) 身近な自然に親しみ、動植物に優しい心で接する」とあります。ほかの教科でもいわれていることではありますが、子どもたちが身近な自然に親しむことで、動植物に対する優しさが育つのです。したがって子どもたちが身近な自然に多く接する機会をもつことが重要です。

そして、「(3) 美しいものに触れ、すがすがしい心をもつ。」ということについて述べましょう。いのちについて子どもたちが学ぶことは、動植物にふれる体験だけで可能となるのではありません。自分がふれる美しいものが心の内に染みとおり、すがすがしい感覚を味わうことをとおして可能となるのです。「生きているって、いいな」、としみじみと感じることで、いのちの味わいをかみしめることができるのです。ある作家の「我らは生きている。我らは内に省みてこの涙の落つるほど厳粛なる事実を直感する。」という言葉を子どもたちなりに直感するのではないでしょうか。

ここで、私個人の体験を書かせていただきたいと思います。東京の伊豆大島に生まれて育った私が小学校2年生くらいのときでした。目上の近所のお兄さんたちの草野球に加わっていたときのことです。味方が攻撃のときでした。私は自分のバッター順を待って草の生えている石段の上に座って待っていました。ふと、目を右下に落としたそのとき、私の目に飛び込んできたのは、小さい雑草の葉のうえで静かにゆれている露でした。太陽の光にキラキラ輝きながら揺れている露が、驚くばかりの美しさと可憐さをにじませて私の心の深くに、すーっと入ってきたのです。私はそのとき野球をしていることを一瞬忘れてしまいました。時間も止まったようにも感じました。なんときれいな露草なのだろうか、私は自分が子どもであることすら忘れ、ただその美しい露草に引き込まれていました。

身近な自然に、こんなにも引き込まれる体験を子どもたちができることに今もって驚きます。現在64歳の高齢者が、ありありと思い出すことができる自然の美しさの体験は、宇宙を感じるような体験です。人間は、否、子どもたちは、子どもたちながらに宇宙を感じるような感覚をもち合わせていると自分の体験からも思います。いのちの体験は、宇宙との触れ合いでもあると、いうべきでしょうか。

［第3学年及び第4学年］

「3　主として自然や崇高なものとのかかわりに関すること。

（1）生命の尊さを感じ取り、生命あるものを大切にする。」

まず、ここでは自然や崇高なものとのかかわりに関することの中で、生命の尊さを感じ取ることの必要性を掲げています。自然が何かということは理解できますが、実は崇高なものが何かはそう簡単には決められません。そして、ここでは生命あるものを大切にすることについてもふれています。知っておきたいと思います。

次に［第5学年及び第6学年］についてみましょう。

「3　主として自然や崇高なものとのかかわりに関すること。

（1）生命がかけがえのないものであることを知り、自他の生命を尊重する。

（2）自然の偉大さを知り、自然環境を大切にする。

（3）美しいものに感動する心や人間の力を超えたものに対する畏敬の念をもつ。」

ここでも自然や崇高なものとのかかわりに関することの中で、生命がかけがえのないものであることを知り、自他の生命を尊重することが掲げられています。掲げられていること自体を知っておきたいと思います。

また、「4　主として集団や社会とのかかわりに関すること。

（2）だれに対しても差別をすることや偏見をもつことなく公正、公平にし、正義の実現に努める。」という表現がなされています。

人と人とがつながるという意味での社会的ないのちにとって、差別や偏見は敵です。公正、公平、正義の実現はまた、社会的ないのちにとって重要な意味をもっています。

以上、「学習指導要領」の中のいのちにかかわる部分を抜き出してみてきました。

6. 親こそがいのちを大切にする子どもに育てなければならない

子育ての実態

現在、家庭ではいのちの大切さを教えているでしょうか？　はなはだ疑問です。戦争のことを取り上げて話す家庭も多くはありません。また、いじめられて自殺をすることについてもそう多くの家庭、親子で話すことはないでしょう。まして、日常生活と直接関係がない、いのちの大切さについて親子で話し合うことは少ないといってよいのではないでしょうか。なぜなのでしょうか。

その根本的な原因は、私は、人類自体が、というより文明的に進んでいるといわれている先進諸国が、総じていのちを大切にしていないことにある、と思います。いや、もっというと先進諸国というより、そうした国を導いている政府、そしてその政府の影で暗躍している金持ちたちの考え方、生き方が、いのちを大切にしていない、といった方が適切でしょう。

金儲けのために、そして自分の願望、欲望を実現したいという底知れない野望によって経済や政治が動かされているからです。人類は、このような野望の流れの中で動き、いのちを省みない様相を呈しています。各家庭で子どもたちにいのちの大切さを教えていないという現実は、底知れない背景に由来しているということを考えたいものです。

家族の実態

現在の家族はホテルファミリーとも呼ばれています。ホテルのように出入りが自由で朝ごはんも、夕食もそれぞれが、違う場所で食べ、家でも違った時間に別々に食べる、そういう特徴をもじって使った言葉です。確かに今の家族は以前と違ってバラバラの生活を送っているようです。便利になって、外で食事ができますし、会社や、友人たちとのつき合いに時間を費やすのです。それ自体が悪いのではないと思います。ただ、それぞれは両親から生まれ、家族の中で育ち、成長し、病気のときには看護され、怪我をしたときには病院に連れて行ってもらいました。そのようないのちが守られ、助けられた関係が、年齢が大きくなるにつれてなくなってしまうことは、いのちにとって寂しい感じがします。家族は本来、守られ、助けあい、励ましあい、慰めあう関係にあるのです。その現在の家族の関係の薄さが、お互いのいのちを感じあうことをできなくしてしまっているように思います。

親子での自然体験

親子で自然の中で虫を取ったり、畑仕事をしたりする体験はもうそれほどみられなくなってしまいました。国全体が農業より工業を優先してしまい、その国全体の政策のつけが回ってきたのです。子どもたちは自然の中で生きている虫や鳥、魚や草、花から多くのいのちを感じ取ることができます。自然の中で風の音を聞き、川の流れの音や流れの様子から自然のいのちを吸い取るのです。

また、夜空の星を眺めることで宇宙の広さを感じ、宇宙のいのちを感じるのです。自然や宇宙には、いのちが満ちていることをいつの間にか感じ取るのです。

食事についての親の考え

手を合わせて「いただきます」といって、食事をいただく家庭がどれくらいあるのでしょうか。正確なところはよくわかりません。私たちは食事をいただくことなしには生きていくことはできません。食べられることが当たり前のようになっているわが国の食習慣を考え直さなければなりません。特に毎日家族で食事をする際の、親の食事に対する考え方を見直す必要があると思います。子どもたちは日々の食事をとおして、いのちに対するありがたさを実感するのです。最近は食べ物が、たとえば魚を例に取ると、1匹まるまる店先に並ぶというより、切り身できれいになって売られています。豚や、牛、鳥の肉もきれいに切られてあって、1匹の姿をそのままみることなく売られています。きれいで美味しそうに見えるようになっています。魚も肉も、もとは血の通った生きたいのちでした。そのいのちが感じられないようになってしまっています。そのような中で子どもたちは生きていかなければなりません。いのちを身近に実感できなくなってしまっています。このような状況の中で親は、一層食べ物を大切にすることを子どもに教えなければなりません。

飼育動物

家庭でいのちに触れることができるためには、家で生きものを飼うことです。金魚やインコ、ザリガニやクワガタ、犬や猫、地域によっては鶏やウサギ等を飼うこともできます。かつては家で鶏を飼って、自分の家で生んだたまごを食べたものです。また、卵を生まなくなったために鶏を殺して食べたものです。

私は小学生のとき、自分で毎日えさを切って与えて鶏を飼っていました。産んでくれた卵を大事に家にもって行き両親や祖母にほめてもらったものです。そのようなときには鶏に感謝する気持ちがあふれてきました。鶏が誇りであり、いとおしくかわいく感じました。大切に飼ってあげようと、心の中でそっと思ったものです。しかし、卵を産まなくなった鶏は役に立たないと大人は考えます。それはそれで仕方がないことです。だが、一生懸命に飼ってきた私にとって鶏は、単なる卵を産む生き物ではない。友達なのです。生きていて、私が与えるえさを喜んで食べてくれた、かわいい、いのちなのです。でも、卵を生まなくなった鶏を父親は私に知られないように殺してきれいに料理していました。

その頃は、私に知られないように料理した父の親心を汲み取ることはできませんでした。貴重なたんぱく質の食料として鶏は大ご馳走なのです。母は私の顔を静かにチラッと見ていたようにそのとき思いました。母は私の気持ちを察して心配していたのだと思います。私は複雑な気持ちでした。鉄なべですき焼きがはじまりました。すき焼きは父親が作ると私の家では決まっていました。父は油をしき、ねぎを入れ、醤油をかけ、砂糖を入れて最後に鶏の肉を入れました。「さあ、食べなさい」と父はいいました。兄たちはわれ先に箸で取りはじめました。私は箸を置いたまま兄たちの食べる様子を見ていました。「食べられない。だって昨日まで俺が飼っていた、あの動いていた俺の鶏だよ」と、心の中で思っていました。そう思っているうちにだんだん肉がなくなってきました。私はゆっくり箸を伸ばし、小さい肉を挟んで茶碗のうえに置きました。そして数秒間眺め、「どうしよう」と思いながらも、兄たちが美味しそうに食べている姿を見て、「エイ!」と心の中で戦い、口にその小さな肉を運んでいきました。静かに噛みました。鶏が徐々に貴重な美味しい肉に変わっていったように思えました。私は何かしら悲しくなってきました。なぜかというと、さっきまで、「俺の飼った鶏」が今は、美味しい貴重な肉と思えてしまったからです。「俺は、何だよ! 食ってしまったじゃないか。父や兄たちと同じじゃないか」。私は鶏に悪いな、という気持ちと、俺もやっぱり肉を食いたい人間だ、と思いました。そのときの私の気持ちをいいましょう。「鶏は結局かわいそうだな。人間は強いし、鶏を食ってしまうんだな」、という気持ちでした。「確かに鶏はかわいいが、結局食われてしまうものなんだな」、という気持ちでした。だが、私の気持ちはそのような単純なものではありませんでした。「あのかわいい、俺の鶏をおれは食った」「食ったことは仕方がない」、とも思いました。でも、「ありがとうよ」という気持ちは私なりに心の中に深く芽生えていました。

私はこの体験をした後、生き物をそれまでにも増して大切に思えるようになったと思っています。生き物を家で責任をもって飼うことによって、生き物を大切にする気持ちを子どもたちに育てることができると思います。しかし、飼っていた動物を、自分の家で殺して家族で食べるという体験は、今はそう多くの家でできるわけではありません。しかし、生き物との家での触れ合いは、いのちを大切にする心を育てるうえである種の効果をもたらすことと思います。

農作業

今は簡単に畑を所有し、植物や野菜の栽培をすることができるわけではありません。市が音頭を取って農家の土地を借りて、家庭菜園として市民に好きな種類の栽培をさせています。自分の畑でなくても、家族でジャガイモやサトイモ、大根やキャベツをつくっている人たちがいます。子どもたちは親と一緒に食べ物をつくるうちに、いのちとしての食べ物を見、ふれ、収穫をして料理をした後、実際に食べる体験をします。ここでもいのちが育ち、大きくなり、食品として自分の体を大きくしてくれることを学ぶことができます。

家族・親族に接して

ひとつの家庭に赤ちゃんが生まれてきます。お母さんのおなかが徐々に大きくなるのを子どもたちは見ます。そして、おなかをさわったり、耳を当てておなかの中の赤ちゃんの音を聞いたりします。幼稚園に行って「先生、あのね、おうちにね、今度ね、赤ちゃんが生まれるの。私ね、この間ね、耳をね、お母さんのおなかに当ててね、赤ちゃんの音を聞いたの」。うれしそうに、幼稚園にきて赤ちゃんが生まれることを担任の先生に報告するのです。自分の家にいのちが生まれることを身近に感じ、体験することができます。

「私ね、お姉さんになるの」と神妙ないい方で子どもは自分の気持ちを話します。かわいい妹か弟が生まれるという思いは、ひとりの子どものいのちに深く、明るい炎をつけます。いのちのつながりを、それとなく結びます。家庭でこそこのような体験を可能にしてくれるのです。

兄弟関係のことを紹介しましょう。

3歳の男の子の例です。まだ歩けないでハイハイしている弟が、廊下から玄関に落ちてしまいました。それを見たお兄ちゃんは「お母さんのばか！　お母さんのばか！　ちゃんと見ていないから落ちちゃったんだよ！」といって泣きじゃくりました。弟思いのお兄ちゃんは、何もできなかった自分をも責めたようでした。弟がかわいそうでたまらなかったのでしょう。

お母さんは「ごめんね、ごめんね、ちゃんと見てなくて、ごめんね」といって、お兄ちゃんを慰めていました。弟を、いのちである弟を無条件に大切にしていたお兄ちゃんは、弟や両親、祖父母の家族で暮らす中で、いのちの尊さを自然に学んでいるのです。

中世の思想家であるルソーはエミールという著書の中で「造物主の手から離れるとき、人間はよいものです」といっています。私も、今紹介したお兄ちゃんのような子どものことを思うと心の中から、このルソーの言葉を、「そうだ」、とうなずくのです。誰からも教わることもなく、このお兄ちゃんは、弟をわがことのようにかわいく思っているのです。

家庭の中で子どもはいのちのつながりを自然に感じ、いのちを大切にすることを学ぶのです。いや、学ぶというより、すでにもっている、いのちへの優しさを一層深くするのです。いのちの大切さを感じ、体験し、いのちの貴さを育む場は、基本的に家庭であるということを再認識したいものです。このことをどの家庭でも改めてよく考えて、自分の家庭でのいのちの大切さの教育を深く認識してほしいと思います。

おじいちゃん・おばあちゃんの存在

今は核家族が多くなってきています。かつては3世代家族が当たり前のときがありました。人生を生き抜いてきたおじいちゃん、おばあちゃんがいる中で、生きてきた強さ、弱さ、つらさ、喜びなど、人間として、いのちとしての息吹を子どもたちは身近に感じ取り学び取ってきたのです。祖父母の腰が曲がり、耳が聞こえなくなり、歩けなくなる、そういう姿に毎日接して子どもたちは生活をしてきたのです。

いのちが弱り、衰えていく姿を見ながら子どもたちは、哀れを感じ、いとおしみを感じながら生活をしていました。もちろん今でもそのようなことを感じながら生活をしている子どもたちはいます。祖父母と暮らす中で、子どもたちは人間のいのちそのものを感じ、学び、いのちへのいとおしみを一層深くするのです。そういう意味では祖父母と一緒に暮らす良さはあるのです。

家族の病気

「生老病死」。これはお釈迦様が人間の一生を表した有名な言葉です。人間は、生まれ、老います。その間、病気にかかったりすることがあります。そうして最後には結局死んでしまうという意味だそうです。確かに人間には「病気」がつきものです。軽い病気からはじまって、重い病、そして難病奇病といわれる不治の病気もあります。「なんでこの私が、こんな病気にかかってしまったの！」と泣きわめく人もいます。本当に当人はいうまでもなく、傍にいる人にとってもつらい、悲しいことです。まして、自分の家族、親族が病気にかかると、家庭が暗くなってしまいます。そういう状況の中にある子どもたちは、わが親や祖父母の病気に接して、悲しい、つらい気持ちに陥ってしまいます。

ここでまた、個人的な体験の披瀝《ひれき》をお許しいただきたいと思います。

私は、小さな村に5男として生まれました。1944年という貧しい時代の中でした。姉と男の子ども5人、計6人の子どもを育てることは大変だったと思います。私が生まれた後、母は体を悪くしてしまい、私が小学校2年生くらいのときに、リュウマチと神経痛の病気にかかってしまいました。母は寝ていながら痛そうな顔でじっと我慢をしていました。実は母は看護婦でした（現在では看護師）。自分が看護婦でありながら病気にかかってしまった母は、悔しいやら情けないやらで、とても辛そうに見えました。「働きたいよう！」と毎日口癖のようにつぶやいていました。

私は学校から帰ると、真っ先にいつも「かあちゃーん」といいながら母の寝ているそばに行きました。「今日は痛くない？」といって母の背中をさすってあげました。そしてほぼ毎日、母を揉んであげることが私と兄弟の日課でした。今思うとあの戦争の中で生まれた末の私を生んで育てることがどんなに大変なことか、と思わないではおられません。私を生んだことが母のいのちを縮めたのではないか、という思いが表れては消えるのです。

私は母がかわいそうでなりませんでした。しかし、母は親です。いつも寝床でいろいろなことを私に教えてくれました。その中のひとつであり、現在も私の基本となっていることが「人間は優しさが大事だよ」という言葉です。母は、私がサクランボやサザエを取りに出かけるときは、必ずといってよいほど「○○バーちゃんにも取ってきなさい」と、近所のおじいちゃんや、おばあちゃんにも取ってくるようにというのでした。

私の父も、母のためにいろいろなことをしてあげていました。当時としては高価な薬を買い、病気しながらでも、生活がしやすいようにさまざまな工夫をしてあげていました。

家族の中に、大切な誰かが、病気になったとき、その人の人間としての存在そのものにかかわってあげようとする子どものやさしさが引き出されるのです。家族の病気は、ひとりの人間、いや、ひとりのいのちに対する優しさを引き出してくれるのです。

身近な死

この本の中心の問題である「死」について書くことにしましょう。

家族や家で飼っている動物が死ぬと、みんなで悲しみます。私が小学校の6年生のときに、飼っていたミッキーという犬が死んでしまいました。近所の子どもたちに、とてもかわいがられていた犬でした。そのことを知ってか、なんと父はミッキーの、葬式を出してくれたのです。私たち子どもはきちんと列を作ってミッキーを入れた箱を先頭にして歩いて埋めに行きました。動物のいのちをとても大事にしていた父からのいのちの教育のプレゼントでした。

動物の死もそうですが、身内の「死」は世界中の誰もが体験しているので私の体験談は省略します。ただ、誰でも身内の死には必ず遭うということだけはいっておきたいと思います。

私も、母、父、親戚の人、近所の人、友人、職場の人、知り合った人、等、数えればかなりの数になります。子どもたちは特に家族や親族の人の死を体験することによって、死を身近に感じ取ると思います。

親の価値観、考え方の問題

最後に、親の物事に対する価値観、考え方について述べましょう。

人間が生きることについては誰もが考えます。そのことについては有形無形に子どもに伝わります。「一生懸命に勉強しないと幸せになれないよ」「健康に気をつけなさい」等です。しかし、死についてはあまり考えを伝えることを親はしません。というより、できないといった方が当たっているかもしれません。日常、誰もが死について考え、わが子に死のことを話すことはしません。危険についてとか「知らない人に声をかけられても返事をしてはいけないよ」というようなことは、わが子を危険な目に遭わせないためにいうことはあります。

しかしこれでいいのでしょうか。死は人間にとって、最も重要な事柄なのです。私は

「いのちがあることが一番大切です」とどこでもいっています。親はもっと、このことを意識して子育てをすることが必要だと思います。学校の成績、進学先、就職先のことよりも、生きていることをもっと重視することが大切ではないでしょうか。ある小学生の母親が私の勉強会に久しぶりにきて発言してくれました。小学生の男のお子さんが引きつけを起こして救急車で病院に運ばれたそうです。その母親は救急車の中で、私が勉強会でいつもいっていた「いのちがあることに感謝しましょう」という言葉をかみしめていたそうです。「本当にいのちがあることがどんなに大切なことかを根本的なこととしてかみしめました」といっていました。

親も、いざわが子のいのちにかかわることに出くわさないと、このことを考えないのです。考え方次第で、幸せは変わります。価値観で、人生は豊かになるのです。基本的な価値観として「いのちがあることに感謝する」という考えを基本に子育てをしたいものです。

第2章　いのちとは何か、死とは何か

「いのち」を大切にする子どもを育てることを考えるのですが、大切にすべき「いのち」とは一体なにを指すのでしょうか。私たちは当然自分がいのちをもって生活していると思っています。しかし、その「もっている」といういのちとは何なのでしょうか。わかっているようでわかっていないようにも思えます。

そして、私たちは「いのち」が終わると死ぬと普通いっています。しかし、この「死ぬ」ということもわかっているようでわかりにくいのです。死ぬとはどういうことなのか、そして死んだらどうなるのか、このことは考えれば考えるほど簡単ではないのです。

そこで、この章では、いのちとは一体何なのか、死とは何なのか、ということについて考えてみましょう。この問題は、時代の中で常に問われてきました。しかし、今なぜこのような、一種暗くて重い、遠ざけたい、そして、忘れたい問題を取り上げるのでしょうか。

それにはいくつかの理由があります。順番に軽重の差はありませんがいくつかの理由を掲げてみましょう。

まず、「無差別に、誰でもよいから人を殺したかった」という、今まではさほど起きていなかった、簡単にいのちを奪ってしまう殺人事件があります。２００８年のある日、幸せそうに秋葉原の街中を歩いていた人が突然刺されて死んでしまいました。いのちが簡単に不意に奪われてしまった事件です。あの突然いのちを奪われてしまった人のいのちは何だったのでしょうか。また、自殺者が10年間も続いて3万人を超えました。２００７年度はこの10年で2番目に多い自殺者数でした。人はせっかく生まれてきたのになぜ自分のいのちを自分で殺して死んでいくのでしょうか。もちろん後で述べるように、自殺する人にはそれなりに理由があります。しかし、1回のこの世でのいのちを、なぜ自分で抹殺してしまうのでしょうか。

また、子どもたちが、簡単に人を殺す事件が起こっているということも挙げられます。長崎県の中学1年生による幼児殺害事件、小学校6年生の校内での同級生殺傷事件もあります。

また、これはよくいわれるのですが、死、それ自体が曖昧になってきてわかりにくくなってきた、という背景もあります。つまり、今までは心臓が止まって、目の瞳孔が開いたことを確認して「ご臨終です」といわれました。しかし、今は心臓が動いていても、脳が死んでしまったら死（脳死）と宣告されて死と認められてしまうのです。

まだまだあげればありますが、今述べたような背景があって生と死が問題視されるようになってきたということができます。

1. 死生観について

この「いのちとは何か」「死とは何か」「生きるとはどういうことか」ということについて考えられた内容を「死生観」と呼びます。死生観は、文字どおり、死ぬことと生きることとの両方を考えることです。

社会保障論の専門家である広井良典は死生観について、死生観とは「私の生そして死が、宇宙や生命全体の流れの中で、どのような位置にあり、どのような意味をもっているか、についての考えや理解」であるといっています。

古来この死生観は、古くはギリシアの哲学者であるソクラテス、プラトン、アリストテレス、また中国の孔子、孟子、荘子等の思想家たちによって探求され、彼らの思想が本になって伝えられています。また、キリストや日本の仏教の多くの師によっても追求され、その考えが残されています。また、東西の多くの哲学者たちによって現在に至るまで広く深く死について多角的に追求されてきました。特に実存哲学者のハイデッガーは、人間の死についてかなり深く思索し、それを『存在と時間』という大著にまとめました。彼は「人間は死への存在である」というのです。

したがってここで簡単に、死生観の内容を結論づけて述べることはできません。ここでは死生観のほんの一端を覗き、その覗いた内容のそれまた一端を開陳することにします。

いのちとは何かを探る出発点

まず「いのちとは何なのか」ということについて考えましょう。先にもいったように、私たちは誰もがいのちをもっていると普通考えます。あたり前のこととしてそう考えます。しかし、いのちとは誰もが「これがいのちです」と答えられるものなのでしょうか。まずいのちは見えるのでしょうか。触ることができるのでしょうか。そして、いのちがなくなると人間はどうなるのでしょうか。

見えるいのち、触ることが可能ないのちはどこにあるのでしょうか。そしていのちは誰にも共通してあるものなのでしょうか。違いや位、高さ低さなどは考えられるのでしょうか。

こう考えてくると何かしら、いのちが何であるかということはそう簡単ではないように思えてきます。よく「どの人のいのちも奪ってはいけない」といわれます。こういう場合のいのちとは何なのでしょうか。また、「生きているとは名ばかりで、あいつはまるで死んでいるようだ」という場合のいのちとは何なのでしょうか。ほかにもいのちに関しては「いのちあふれる行為だ」などの表現がなされます。

このようにいのちが何であるかは複雑な様相を呈しているようです。生きていると日常いのちが何であるかはわかっているつもりで生活していますが、ここで立ち止まって一緒に考えてみましょう。保育や教育の場面で子どもたちから聞かれたときに、何らかの答えをすることが必要になることがあります。というより、大切ないのちについて教える者として何らかの考えをもっていることが要求されることだと思います。親としてもこのことは共通していえることではないでしょうか。

2. いのちを考える専門領域について

いのちについては一般的には、哲学とか倫理学とか宗教学とか、また文学とかで取り扱うと思っている方が多いと思います。このような分野でも確かにいのちを対象に追求し研究してきました。これからもそうでしょう。最近では、これらの研究領域に加えて、生きること自体を総合的にとらえ、かつ死をも射程に入れた「生命学」や、生と死の両者を関係づけてとらえる「死生学」という学問分野が生まれて、いのちや死について研究がなされるようになっています。ここでは、この2つの研究分野について紹介することにしましょう。

生命学について

「生命学」はまだ新しい研究分野で、まだ多くの研究者は出ていないといってよいと思います。そこでその中の代表的なひとりである哲学者の森岡正博の生命学に対する考え方を紹介しましょう。なぜ生命学をここで取り上げたかというと、いのちの問題は人が生きることと関係が深いからです。いのちは、いつかは死を迎えます。生きることと死とは切り離せないのです。生命学は直接いのちそのもの、そして、死を取り上げるわけではありませんが、いのちがどう生きるのか、そして人は死をどう迎えるのかということをも研究内容に含めているからです。森岡は生命学について次のようにいっています。

「生命学は、生命世界を現代文明との関わりにおいて探り、自らの生きかたを模索する知の運動のことである。すなわち、生命学とは、（1）現代文明にくみこまれた生命世界の仕組みを、自分なりの見方で把握し、表現していく知の運動であると同時に、（2）私が、限りあるかけがいのないこの人生を、悔いなく生き切るための知の運動である。このふたつの知の運動は、表裏一体であり、互いを必要とする。人生を悔いなく生き切るためには、生命世界の自分なりの把握が必要であるし、生命世界を豊かに把握するためには、人生を悔いなく生き切りたいという熱き思いが原動力として必要である。ここで『知の運動』という言葉を使うのは、生命学が、人から人へと受け継がれてゆくダイナミックな運動を意味するからである。」

ここで彼は、生命学は、自分が悔いなく生き切るための「知の運動」であるといっています。そして彼はさらに、「哲学的な面で注意しておくべきことは、生命世界を把握しようとする私もまた、いずれは死ぬということである。」といっています。死も問題意識の内容として含まれるのです。この死については彼の大著『無痛文明論』の中の第7章「私の死と無痛文明」の中で詳しく論じられています。

この、最近の、いのちと死の問題を含んで、現実の中で悔いなく生き切ることを探究する生命学は、今回のいのちと死を追求する私の論述にとっても基本となって生きてきます。

死生学について

「死生学」についての論文や本は、ほかの一般的な本ほどではありませんが、最近少しずつ出回ってきています。そのうちの数冊のうちから死生学の内容について紹介しましょう。

哲学者の間瀬啓允は自分の死生学について次のようにいっています。

「第3の類型に属するサナトロジーは、『生の完成としての死』について研究する学問であり、死生観、人生観、価値観、宗教、等と密接に関係してくることになる。・・・そのテーマは『永遠の今』=永遠と結びついた現在の今を生きるという自覚のもとで、課題としての死を解決していこうというものである。そのために、『死からの存在』=死から出発して生きている存在という自己認識を持とう、と私は提言する。というのも、死を生命の一部としてもつ存在として人間には自己の本来の生き方があるからだ。こういう自己認識は、死から生を考えて『死』から『生』を学ぶところに成り立つ。死はさけられない。生きている限り必ず死ぬ。死は生の一部なのだ。こういう自己認識から出発しなおせば、『では、どう生きたらよいか』と考える新たな機会となる。そして、この機会をとおして現在の刻一刻の生活の中に永遠の生を感得し、魂の平安を得て、残された人生を充実して生きていこうという死生観にいたることができる。これが『永遠の今』を生きることによって、課題としての死を解決しましょうという私の道筋なのである。」これが間瀬の「死生学」の考えです。

また、哲学者の竹田純郎は「死生学は、〈死から生の意味を省察する学問〉なのである。」といっています。つまり、死生学は死のことだけを考えるのではなく、死を考えることをとおして生きることを考える学問であるといっています。このことは大切です。私たちは今生きているからこそ、いのちや死について考えているのです。今どう生きたらよいのか、また、これからどう生きるのかということを、死をとおして考えようということなのです。

この、死生学がどのようにして成立してきたかについては『死生学〔1〕死生学とは何か』（東京大学出版会）の第1章を読んで下さい。そこでもう少し専門的に死生学とは何かということについて紹介しましょう。

死に関する学問の名称は「thanatology　サナトロジー」です。これは、ギリシア語の「thanatos　サナトス」つまり「死」と、学問を意味する「ロゴス」とが合わさった名称です。医学の立場に立つ人たちはこれまで「死学」と訳して用いてきました。

このサナトロジーをどのように考え、どのように訳したらよいかを、『死生学とは何か』（日本評論社、1991年）という本の中で平山正美は以下のように説明しています。要約して説明しましょう。

第1は、サナトロジーを従来の医学の枠組みの中で考えていこうとするもので、この分野では法医学が重要な役割を果たしている、といっています。従来は「死亡論」「死学」と訳しています。この場合の死学とは、正確な検査法に従って死体を調査することである、と紹介しています。

2番目には、死を心理学や社会学、精神医学、看護学等の領域から研究する立場がある、としています。ここでは末期患者や遺族の方の心理、悲嘆、また、そうした方を社会的な視点で研究する立場であると紹介しています。

第3に、哲学、倫理学、宗教学、文化人類学の立場から研究する分野があるといってています。具体的に言うと、死生観や埋葬儀礼、遺骨等に対する考え方、等についての比較文化的研究、そして死の準備教育に関する研究がここで扱われるといっています。いい換えると「生の完成としての死について研究する学問」であるということを述べています。ここでは死生観、人生観、価値観、宗教等がかかわってくるのでしょう。

そして平山は「生死学」という人もいるが、「われわれは、生と死の境界を定めることは困難であるがゆえに、サナトロジーの研究対象としては、死（death）および死に行く過程（dying）の両面を持っていると考えている。この中には、生の部分も含まれているものの、基本的には、死に焦点があてられるべきであると思う。それゆえ、サナトロジーの訳語としては、死学や生死学と名づけるよりも死生学と訳しておく方が自然のように思われる。」と主張しています。

このようにいのちについては生命学や死生学という学問分野があり、着実に研究がなされています。しかし、まだ新しい学問でありその内容は明確になっていません。この章では、今紹介した生命学や死生学の研究内容やほかの人の研究等を含め、まとめた内容を紹介することにしたい。

3. いのちとは何か

命、生命、いのち、について

先に述べたように、いのちを大切にする子どもを育てたいのですが、大切にすべきいのちとは一体何なのでしょうか。私たちは毎日生きているので自分がいのちをもっていると思っています。いい方を変えるといのちがあるから私たちは生きていると思っています。それではそのいのちとは何なのでしょうか。実はこの、いのちとはなにかということはわかっているようで、わかっていないのです。そのことを一緒に考えてみましょう。

まず言葉について考えましょう。いのちは「命」「生命」「いのち」と書きます。順を追って考えましょう。

「命」という言葉はどういう意味をもっているのでしょうか。命という文字は、「亼」、と「口」と「卩」で成り立っています。亼は人を集めるという意味です。口は口で意向を表明し、伝えるさまを示す、という意味です。卩は人が膝まずいた形で、人を表します。合わせて、人々を集めて口で意向を表明し、伝えるさまを示す、という意味になります。

特に神や君主が意向を表明すること、という意味になります。ほかに命は、天からの使命、天からの運命、天から授かった、生きる定め、などの意味があります。今ここで、私たちが問題にしている命は、天から与えられた生きる定めである、と解釈できるでしょう。

次に「生命」という文字について述べましょう。生という文字は、「土」、すなわち「土」とそのうえに若芽が生えたさまを表します。生き生きとして新しいという意味を含みます。したがって生命は、どちらかというと生物的な人間の側面のいのちを表す言葉であると解釈できましょう。

次に平仮名の「いのち」について説明しましょう。いのちは、息の内（いきのうち）という考え方もあります。すなわち、息があって生きている状態を指すという考え方です。

宗教学者である鎌田東二は、「生命」という語は生物的な内容を指し、「いのち」は魂とつながっており、「いのち」は生命と魂を含む語であるといっています。そして「生命、いのち、霊魂を問い返す生命観や存在観の変革なしに自分の変革はない。それは同時に、今ここの『私』とは何かを問う作業でもあるだろう。そしてこの『私』の生死がなんであるかを問うことであろう。生と死の両極から『私』と文明の在り方を問う視座が必要ではないだろうか。」と述べています。

京都大学の西平直は、ユング、ウイルバー、シュタイナーを取り上げて、魂、霊魂、命、いのちについて論じていますが、この3人の生命観は、生まれること、生きること、死ぬこと、死んだ後どうなるかということと関連しているので、生命、命、いのちという用語はそう簡単には規定できないと言っています。

医学専門の大井玄は、いのちについて次のようにいっています。「『いのち』というのは、文学や芸術や宗教の分野において我々が自覚し、体験するものであって、客体と主体の対立の図において、主体が客体を分析するものでない。むしろその主体と客体が一体になったときに感じ得るものが『いのち』というものである。（中略）こういうものは分析不可能ですが、感じることはできます。生命があるから『いのち』というのではありません。ものの『いのち』なのです。石田梅岩があるとき、井戸の水を汲む綱が腐ってきたので、その下僕がそれを新しいのに換えて捨てようとしたのをたしなめて、『そんなことをしてはいけない。確かに井戸の綱としてはいのちは失ったかもしれないが、しかし薪と一緒に燃やしてやれば今度は薪としてのいのちがある。その灰を今度畑にまいてやれば肥料としてのいのちがある』といったというのです。つまり、死ぬことによってよみがえるような『いのち』あるいはある種の絶対的な意義をもった『いのち』というものがあって、これは生命科学の対象ではないわけです」と論じています。

　したがって大井によれば、いのちは主体と客体とに分析不可能な、すべての事象につながっている「一切の根元にあって、その一切を成り立たせ、真理に向かわせる働きをなす原動力」であるということができます。

　私自身は、命は、神から与えられた寿命であり、生命は生物を活かす生物的な原動力であると考えます。そして、いのちは宇宙、動植物、人間に共通して宿っていて、それらを活かす原動力であると考えます。

キリスト教が考えるいのち

　キリスト教のいのちについての考え方は、内容が広く深いものがあります。ここでは一般的にいわれているキリスト教のいのちの考え方について紹介しましょう。なぜキリスト教のいのちを取り上げるかというと、キリスト教は、これまでいのちにかかわり、いのちの社会的な救済活動もしてきたと思うからです。その救済活動の基には、キリスト教のいのちに関する考え方があると思うからです。

　旧約聖書の創世記の第1章の記事に、キリスト教のいのちについての基本的な内容が記されています。

そこには次のように書かれています。すなわち「神である主は、土のちりで人を形作り、その鼻に命の息を吹き込まれた。そこで人は生きたものとなった。」（創世記）

神は人に「いのちの息」（「息」はヘブル語でルーアハといいます。「霊」と同義です）を吹き込まれた、とあります。ここでは「いのち」が神の「いのちの息（霊）」と表現されています。そして、ここでは「ちり」（「ちり」はヘブル語で「アーダマ」といいます。最初の人アダムの語源です）で作られた人間が「いのちの息（霊）」を神によって吹き込まれた存在とされています。人間は、「ちり」のままでは「いのち」を持った存在とはなり得ない、ということがここから理解されます。それゆえ人間は「いのちの息（霊）」を戴いた霊的存在として考えられているのです。また、ここから、人間は「いのちの息（霊）」を吹き込まれることによって、「生きた者」すなわち「霊的ないのちのある存在」となったということがわかります。このように人間は神の「霊的ないのち」をいただいて生きる存在として聖書では説かれているのです。

以上はキリスト教のいのちについての基本的な考えです。

いのちの考え方のいろいろ

次に「いのち」についてのいくつかの考え方を紹介しましょう。

いのちの教育を研究している教育学者の近藤卓は、いのちについて次のようにいっています。「『いのち』は命や生命と同義ではありません。命や生命より広い概念として、私たちは『いのち』の語を用いています。命や生命とした場合には、身体的な生と死に焦点が集中してしまうと考えられるからです。『いのち』とすることによって、身体的な存在としてだけでなく、精神的あるいは社会的な側面を含む、それらを統合する存在としての人間のいとなみを視野に入れたいと考えています。（中略）具体的には先述したように、人生において出会うあらゆる事柄が『いのち』に含まれると考えられます。」

近藤は、いのちは、命や生命とは異なって、身体的な存在としてだけではなく、精神的、社会的な側面を含み、それらを統合する存在としての人間としてのいとなみであるというのです。いのちは広い概念であるといっているのです。

医師である柏木哲夫は、生命学の研究者である森岡との対談の中で次のようにいっています。

「今の話を聞いて思ったのはいのちと生命というものの違いなんじゃないかという気が

します。生命と言った場合に、何か閉鎖的な感じがするんですね。それから有限さを感じさせます。たとえば生命維持装置のようなものがありますけど、その装置を止めたら、それでなくなってしまうものが生命ですね。ところが、いのちというのは閉じ込められているのではなく、非常に広がりを持っていて、有限な生命に対して無限性を持っている。だから、死を生命の終わりと捉えるのは非常に即物的な考え方なんですけど、そこにいのちという概念が入ってくると、人は死ぬけれども、たとえば、そこから永遠のいのちが続いていくんだというような広がりが出てくるという気がします。」柏木は、いのちは、広がりをもっていて、無限性をもっている、といっています。いのちは広いのです。

心理学者の諸富祥彦は、自ら悩んだ末、それでも自分は立っていられると実感したことをいのちと関連させて次のようにいっています。

「みずからに改めて注意を振り向けると、実際私の底には、何か大きな力が働いているようだ。一般に〝私〟と呼ばれている私を突き抜けた、私の底の底。私自身をその底へとどこまでも突き抜けて行った〝私の底〟に、私自身よりも大きな働きが与えられている。その働きは、あえて名前を付ければ〝いのちの働き〟とでも呼ぶよりはほかないような何か。あえて一言でいえば〝私の底のいのちの働き〟、(中略)自分が生きているのではない。

何か大きな大河の流れのような、あるいは、この大自然、大宇宙そのものであるような、〝いのちの働き〟。それそのものが生きているのであって、〝私〟はその〝大きな大きないのちの働き〟に生かされているにすぎない。その〝大きな大きないのちの働き〟がとった、ほんのちっぽけな一つの形にすぎないということに気付く。」

諸富は、いのちは私の底に働きかける大きな力であるといっています。彼によれば、いのちは彼の外にあって彼を生かすなにかであるといっています。もっというと、いのちそのものの形であるともいっているのです。

いのちは、大自然、大宇宙そのものであるともとれるのです。

これと同じとらえ方を教育学者の西平直は次のように表現しています。

「私がいのちを持つのではない、いのちの一部が私になっている。同じいのちが、木になり、鳥になり、人となる。個人の殻を超えたとき、そうした繋がりを、確かな手ごたえで実感する地平がひらかれてくる。」この考え方は、実はトランスパーソナル心理学に通じる考え方です。この心理学は、個人の意識を、「個人を超えた（トランスパーソナル）」宇宙や地球との関係においてとらえるのです。

いのちについてのわが国の代表的な仏教学者、中村元先生の考え方

中村先生のいのちについての考えから学びたいと思います。先生は「いのち」について次のようにいっています。

「『いのち』の語源を『息』と結びつける解釈が、我が国では昔から行われている。それは『イノウチ』(息内)、『イノチ』(気内)であるとか、あるいは『イキノウチ』(息内)の訳であるという。あるいは『イノチ』(息路)あるいは『息続き』であるという解釈が行われた。我が国では生命のことを昔から『命』と呼んでいることは周知の事実であり、これは息と関係があるということを学者は説いているが、これについての語源的な説明は専門の方に教えて戴きたい。ただし発生的にはどうあろうとも、若干の日本人が『いき』と『いのち』とのあいだに本質的な連関があると考えていたことは否定できない。」

ここで、先生は「息」と「いのち」はなんらかの関連があることを説いています。死ぬことを「息を引き取る」と表現する習慣がわが国にあることを思い返すとき、「いのち」と「息」が関連していることを改めて理解することができます。

以上で生命、命、いのち、という言葉についての説明を終わります。見てきたように、これらの言葉の意味は定まってはいないようです。しかし、何らかの違いは、わずかなが

らわかってきたように思います。整理してみましょう。

生命は、生物的ないのちです。人間も生物ですから、この意味でのいのちはもっています。このいのちがなくなったときに一般的には「死」が宣告されるのです。生きていて日々活動している私たちにとって、この生命の終わりがもっとも怖いのでしょう。

次に命ですが、これは神様が宣告して与えてくれたいのちです。仏教では、人間が生きている間を「寿命」といっています。その「寿命」が「命」なのです。「命数」といったり「寿量」といったりします。

そして「いのち」は人を人として支える大本、大きな宇宙的な支えといってよいでしょう。また、「いのち」は「息」ともいってよいでしょう。

いずれにしても、生命が人間を生物的に活かし、命が、寿命が切れるまで支え、いのちが、人間らしく人を支えるのだといってもよいでしょう。

4. 死とは何か

次に、死について考えてみたい。私たちは日常自分の死についてはさほど意識してはいません。しかし、死は必ずいつかはやってきます。それがいつの日かは誰にもわかりません。今日か明日か、30年後かは誰にもわかりません。朝、家を出て交通事故に巻き込まれると思っている人はいないと思います。また、まさかの火事で死ぬとも誰も思っていません。行きずりの殺人事件に巻き込まれるとも誰も思ってはいません。人は自分がいつ死ぬかはわからないのです。

そのような不意の死を含めて、人はいつかは自分の死を迎えることになるのです。しかしこの「死」とは一体何を意味するのでしょうか。死ぬとはどういうことなのでしょうか。誰も死を体験してはいないので、わからないのです。この死について、わが国でも徐々に問題視されるようになってきました。その背景の1つに、脳死の問題があります。心臓はまだ動いているのに、脳が死んだとみなされたら、死として扱われることが認められるようになったのです。従来の考えかたでは、心臓がとまってから死と認める考え方でした。心臓が動いているのに死と宣告されることは一般的には認めがたいことでした。しかし、内臓が生きているうちに、その内臓を移植してほかの人が生きていくことができることを考えて、脳死判定による死を認めるようになったのです。一体死とはどういうことなのでしょうか。

アメリカのD・V・ハートは、「死の定義をするのは容易ではない。死の定義を困難なものにしているのは、一つには、死が時間の一点ではなく、プロセスだということである。プロセスとしての死は、臨床的な死、脳死、細胞死の、三つの主要局面からなる」といっています。このようにみてくると、死の定義を下すことは簡単ではありません。私たちは死はいずれのときかの一瞬だと錯覚してきたように思えます。だが、自分の死すら、定まったことがいえないということがわかってきます。

森岡正博の死の考え方

森岡の考え方の要点を、少し長いですが引用しましょう。

「死の恐怖は、不意に私を襲う。まったく予想もしない時に、暴力的に襲ってきて、私を徹底的に打ちのめす、最初の死の恐怖に襲われたのは、小学校高学年から中学生にかけてのころだった。『私が死んだら、どうなるのか』『私は無になる』『そしたら、私がいま見ている世界はすべて消え去ってしまって、もう二度と現れることはない』。そこまで考えたときに、全身が痺れるような恐怖に襲われた。その恐怖が、あまりにも激しかったので、私はそれを大人たちに聞くことすらできなかった。これは、私ひとりだけの秘密にしておかなければならないんだ、と思った。それと同時に、私がまだ子どもだから恐ろしく感じているだけで、大人になったらきっと解決されているにちがいないとも思った。『大人になったら、この恐怖は解決されているはずだ』と思うことによって、私は心の平安を取り戻そうとした。しかし、私はしばしば死の恐怖に襲われた。そんなとき、私は自分の部屋を飛び出し、テレビを見ている両親の膝元にすり寄って、甘えた。母親は、そんな私を何も知らずに撫でてくれた。寝入り際に、死の恐怖が突然襲ってきて、頭を掻きむしったりした。『考えないようしにしよう、考えないようにしよう』と呟きながら、恐怖が去るのをひたすら待った。中学生の高学年になってもまだ、それは続いていた。そのころから読み始めた哲学書に、死の恐怖のことが書いてあるのを発見した。死の恐怖に襲われるのは自分だけではないということをはじめて知った。と同時に、哲学者ですらこの恐怖を解決していないことを知って愕然とした。大人になっても、解決出来るわけではないのだ。そのころ、友人に、死が怖くないかと聞いたことがある。彼は、考えると怖くなるから、考えないようにしていると答えた。『死の恐怖』が、私を哲学者にした。」

このようにいう森岡と私たちの意識とはそうかけ離れてはいないのではないでしょうか。誰しも死は怖いのです。

この、私の死がなぜ恐ろしいのかを森岡がいっているので、紹介しましょう。まず「『持続する私』が切断されるときの恐怖である。誰しも一時間後も自分が存在しているはずだ、という暗黙のリアリティに立っています。根拠もないのにそう思い込んでいます。だが、『私の死』という観念は、まさにこの『私は持続する存在であるはずだ』というリアリティを、一撃で突き崩すのである。私が死ぬということは、私という存在の持続が、ここで切断されるということだ。『私の死』という観念が圧倒的な力をもって私を襲うとき、『私は持続する存在であるはずだ』という暗黙のリアリティは無残にも突き崩され、そのリアリティの上に組み立てられていたすべての感じ方、考え方、世界観、行動様式が一気に崩れ落ちてしまう。この感覚が、死の恐怖という感情をもたらすのである」。

次は、「永遠の無」の恐怖です。「私が死んだら、この私もこの世界もすべて『無』になって、もうどんな出来事も二度とこの宇宙に生じることはない、という観念がもたらす恐怖というものがある」といいます。「私が死ねば、私は、親しい友人に二度と会うことができなくなる」。確かにそれは恐怖だという。しかしそれ以上に恐怖なのは「私の死によって、私が友人に会ったり懐かしいふるさとを眺めたりすることを支えている根源的な

「可能性」が、永遠に失われてしまい、二度と戻ってこないことなのだ。」と彼は述べるのです。

もうひとつは、「連れ去られてゆく無慈悲さ」の恐怖です。

「私の死」とは、私の意に反して私が否応なく連れ去られてゆくという、「無慈悲さ」に対して大きな恐怖を感じるのだと彼はいいます。いくらじたばたしても、泣き叫んでも、もがいても、これは夢に違いない、と念じても、まったく無関係に私は無へと連れ去られていきます。この「無慈悲さ」を想像したときに私は恐怖に襲われると彼は説明します。

森岡は「私の死」という観念が私を圧倒的な力で襲うとき、以上に述べた恐怖が混然となって自分を襲うというのです。

丸山圭三郎の死の考え方

彼は、次のようにいっています。「死とは人間と動物に共通する個体の肉体的機能の停止を指す。長いこと、呼吸停止・心臓停止・瞳孔拡大がその三大主徴と見なされてきた。ところが最近になって議論され始めたのは、三番目の瞳孔の拡大と固定、脳幹反射の喪失等に表わされる脳死だけでそれを個体の死と判定してよいか、という問題である。これは自然科学、現代医学の見地に立って考えた死である。人間も動物なのだから、右のような死へのアプローチが有効性をもつことは疑いえない。しかし、死を物質的終息とみなす考え方を裏返すと、生は物質的持続・肉体の維持でしかなくなってしまう。ここに、人間の精神面を重視する人々にとって、もうひとつ納得できない点があった。

そこで問い返されねばならないのが、動物の持つ知覚・記憶・意識とは本質的に異なる人間特有の死の意識なのです。私たちにとっての死とは、肉体的機能の停止であるとともに、あるいはそれ以上に、生きている人々が抱く死のイメージでもある。それが良いことかという価値判断以前に、人間だけがあらかじめ死を想う唯一の動物だということはたしかだろう。

繰り返し強調してきたように、死の意識とは、死者の意識ではなく、生者が抱く死生観であり、自分の宇宙の中に位置づけるコスモロジーであって、これは科学をも含め文化の産物以外の何ものでもない。」そこで、彼は詩人、谷川俊太郎を引用するのです。

「鳥は生をなづけない／鳥はただ動いているだけだ／鳥は死をなづけない／鳥はただ動かなくなるだけだ」（谷川俊太郎「鳥」）

彼は、死の意識とは文化の産物のほかの何ものでもない、というのです。生物的な死だけが死ではなく、死も人間の文化としてとらえるべきだというのです。死を文化的にとらえる考え方を私たちは、今まであまりしてこなかったのではないでしょうか。

広井良典の死の考え方

彼は「死とは、有でも、無でもない何ものかである」といっています。このことを説明しましょう。普段私たちは「生とは有であり、死とは無である」と考えています。しかし本当にそうなのか、と彼は疑問視していいます。

まず、生についてですが、彼によると私たちが生きるこの世界は、次のような意味で「相対的な有」と「相対的な無」の入り混じった世界である、という理解が可能だと述べています。たとえばある人がいま目の前のテーブルの上にあるコーヒーカップを見ているとしましょう。コーヒーカップは確かにその人の目の前に存在しています。けれども、そのようにコーヒーカップをその人が認識しているというとき、その人は実際にはその人の方には見えないカップの「裏側」もまた、(見えないけれども)確かにそこに存在していると了解しています。いや、それどころか、そうしたコーヒーカップの、現在は見えない背面が当然に存在しているということがあって初めて、それは「コーヒーカップ」という物として認識されるのです。このように考えていくと、私たちが生き認識しているこの世界は、「有」に満ちているのではなく、むしろそこにはいわば無数の「無」が介在しており、しかもそうした無数によってこそ、世界はある安定した秩序を保って存在している、と考えることができる、と彼はいうのです。しかもその場合の「有」は次のような意味で「相対的な」ものです。たとえば、コーヒーカップが視覚像として「白く」見えるのは、背後にあるテーブルの薄茶色との対比において初めて、自らのその色を主張できるのであり、これは色彩に限らず最終的にはすべての属性についていえることです。つまりほかとの関係や対照をもって初めて浮かび上がるという意味で、「有」そのものもまた「相対的」です。

したがって以上のことを踏まえると先ほどふれたように、私たちの生きている世界は「相対的な有」と「相対的な無」の入り混じった世界であるということがいえると思います。

ここまで考えてくると、次のような、ある意味で常識破壊的な見方が可能となります。それは、「もし『絶対的な有』というものが存在するとしたら、それは究極において『絶対的な無』と一致するものであり、それがすなわち死ということに他ならない」という考え方です。したがって死は、私たちが通常考えるような意味での「無」ではない。あえていえば、それは、私たちが普通いうところの「有」と「無」のいずれかをも超えた、一回り大きな「何か」ではないか、といいます。そしてそれは時間そのものを超え出ているという意味で「永遠」と呼べるものです。キリスト教や仏教が「永遠の生命」「涅槃」といった言葉あるいは概念で表現してきたものは、あえてそれを高質な言葉で表そうとするならば、そのような何かなのではないでしょうか。彼はこう考えるのです。

今、広井の「永遠のいのち」「涅槃」という言葉、死について述べた内容を紹介しました。この考え方に通じる内容を間瀬啓允は次のようにいっています。「洋の東西を問わず、昔から、死とは『魂』が肉体から離れることであった。肉体から離れた魂は、此岸から彼岸へと行く。そして、行きつく先が彼岸の『あの世』なのである。そこで、死にゆく人への大事な気遣い、配慮は、『魂への気遣い、魂への配慮』ということになる。『また会おうね』のひとことが最大の慰めとなり、望みとなるのである。死が希望と結びつくような死、死が『始まり』であるような死、死が『永遠のもの』に結びつくような死、そういう死を誰もが望んでいるのではないだろうか。

死は時間の流れの中の『点』であるが、また同時に、連続した『線』である。この点と線は非連続でありながら、深い次元において『連続』しているのである。確かに、死は、狭い意味では点である。しかし、広く解釈すれば『死にゆくこと』であって、線をも含むものになる。死（death）という点と、死にゆく（dying）という線とは、非連続の連続なのである。そして、この『連続』という深い次元において、〈魂〉が重大な意味を帯びているのだ。」

間瀬は、洋の東西を問わず、死とは魂が肉体から離れることであった、としています。そして誰しもが、死が希望と結びつくような死であり、はじまりであるような死を望んでいるのではないかといっています。死は狭い意味では点ですが、広い意味では線であるともいっています。そして魂が重要な意味をもっているともいっています。

キリスト教の死の考え方

なぜキリスト教の死の考え方を紹介するのかをまず書きましょう。

キリスト教はこれまで、多くの人に大きな影響を与えてきました。死を恐れないでこの世を去っていった人。むしろ「死」を喜び感謝して去っていった人など、キリスト教が人々に与えた影響は大きいと思います。「死」を恐れないで生きることができれば、人生は苦しみとはうつらないでしょう。もちろんほかの偉大な宗教も人々に影響を与えてきたことはいうまでもありません。しかし、ここではあくまでも今日もなお、人々の生きることの喜びをもたらすキリスト教の「死」について考え、その内容が子どもに何らかの参考になればよいと思います。旧約聖書学者、および新約聖書学者の間ではそれぞれキリスト教の「死」についての基本的な考え方は、ほぼ一致しているといえましょう。

まず、アダムの死について述べましょう。キリスト教の「死」についてまず確認しなければならない点は、なんといっても旧約聖書の人間創造とアダムの「死」の問題です。

旧約聖書の「創世記」において神は天地創造の6日目に人を創造しました。「われわれに似るように、われわれのかたちに、人を造ろう。」「神はこのように、人を、ご自身のかたちに創造された。神のかたちに彼を創造し、男と女とに彼らを創造された」とあります。また、先にも紹介したように「神である主は、土地のちりで人を形造り、その鼻にいのちの息を吹き込まれた。そこで、人は生きものとなった」とあります。宇宙、地球、植物、動物の創造の後、神は人間を創造したのです。そして神はこの人間に次のようにいいました。「神である主は、人に命じて仰せられた。『あなたは園のどの木からでも思いのままに食べてよい。しかし、善悪の知識の木からは取って食べてはならない。それを取って食べるその時、あなたは必ず死ぬ』」。これは神の人間に対する命令です。自由意志を与えられた人間が神の前に守らなければならない命令です。

しかし、アダムはこの命令を破ってしまいます。その結果、神はアダムに「あなたは、顔に汗を流して糧を得、ついに、あなたは土に帰る。あなたはそこから取られたのだから。あなたはちりだから、ちりに帰らなければならない。」と宣言しました。

ここにみられるように神に逆らい、「善悪の実」を食べたのでアダムが死に、人間に「死」が入ってきたのです。罪との関係についていえばキリスト教では人間に「死」が入ってきたのはアダムが神にそむいた罪が原因であるという考え方が基本としてあります。新約聖書「ローマ人への手紙」でパウロは「ひとりの人によって罪が世界にはいり、罪によって死がはいり、こうして死が全人類に広がったのと同様に、それというのも全人類が罪を犯したからです。」と書いています。このようにパウロは罪の結果死がすべての人に及んだといっています。ひとりの人、すなわちアダムによって罪がすべての人間に入り、その結果「死」が人類に入ったというのです。アダム以来のすべての人がもっている罪を「原罪」といいます。この「原罪」をもつ人間に「死」が入ってきたのです。

5. 死の性格

死の不可逆性について

病気は治る可能性があります。意識不明で入院した人も回復する可能性はあります。再起不能といわれた人が、治って現役生活に復帰することもあります。このように、人間に起こる肉体的に回復困難と思われる出来事でも、元に戻ることがあります。

しかし、死は「死の不可逆性」といって、生き返って元の体に戻る可能性がないという性質をもっています。死んだら元には戻れないのです。ここに死の厳粛な、底知れず恐ろしい性質があるのです。本人にとっては意識が戻らないことを意味します。生きているときに話したり、遊んだり、歌ったりした仲間と二度と同じことができなくなることを意味します。音楽も聞けません。好きな絵も描けません。美味しい食べ物も味わうこともできなくなります。大好きな、愛する人と散歩することもできなくなるなど、一切ができなくなるのです。

それだけではありません。死は残された人にとっては、心が掻きむしられるような、それはつらく、悲しい出来事なのです。死んで行く人にとっては、残された人が心配で、心残りになる、悲しい出来事なのです。死は親しい、愛する人々を二度と会えなくしてしまい、引き裂いてしまう、むごいこの世の一大事件なのです。たびたびいうように、このことは誰にも必ず起こる事実なのです。私たちは、この死の、厳粛で、暗い奈落に落とされるような誰にも襲う現実をまじめに凝視しなければなりません。

死亡率100%

死は誰も避けられない、厳粛な事実であるということです。どんなに金持ちでも、貧乏な人でも、偉そうな政治家でも、権力者でも、社会的な弱者でも、有名人でも、無名な人でも、死は平等にやってきます。そういう意味では人の死亡率は100%なのです。生まれてからすべての人は、死に向かって生きていくのです。このことは確たる現実です。ただ、人は死について思い出すのは嫌なことなので、日常は忘れているだけなのです。

わが国の多くの病院には4階がありません。4は死に通じるので忌み嫌われているのです。また、茶碗のご飯に箸を2本立てることも嫌われます。誰か亡くなった人に供えたご飯の茶碗に、箸を2本立てる仏教的な習慣があるからです。

死の突発性について

死はときとして、誰もが予期しないときに突然、突発的にやってくる性格をもっています。朝出かけるとき、誰も自分が死ぬなどとは思ってはいません。しかし、ビルの屋上から人が飛び降りて下にいる人にぶつかって死んだ人もいます。自宅で襲われ、突然ナイフで刺されて亡くなった人がいます。駅で突き落とされて電車に轢かれて亡くなった人もいます。道で変質者に会って殺された少女もいます。また、海で泳いでいて、流されて亡くなった方もいます。自動車事故に巻き込まれて亡くなった人もいます。その他、火事、地震、雷、地滑り、川の氾濫、熊に襲われたり、蜂に刺されて死ぬ人もいます。

このように人はいつ死ぬかは予想できないのです。死には突然襲ってくる突発性という性格があるのです。

死の生への忍び込みの性格

ギリシア時代の哲学者であるエピクロスは、かつて死を恐れることが人間にとって無用であることを説きました。「なぜかといえば、われわれが存するかぎり、死は現には存せず、死が現に存するときには、もはやわれわれは存しないから、である」と説きました。

しかし、この考え方は正しくありません。なぜならば、生きて日々生活をしている中で、ふと死の意識は頭をもたげて私たちに迫ってきます。誰でもそのような体験をしたことがあると思います。雷が鳴り渡る最中、怖くない人はそうはいません。暗い夜中に、ひとりで道を歩くとき怖さを感じない人はそういないと思います。この恐怖感は死につながっているからだと思うのです。人の死に接して自分もいつかは死ぬと想像して、寂しく、また悲しく感じ、怖さを感じることがあります。人は自分が死ぬ前にすでに死の意識で怖さを感じるのです。生物的に死ななくても、死を恐れる感覚はあるのです。

死の多様な側面―社会的な死、文化的な死、心理的な死―

生物的な死についてはこれまで述べてきました。しかし、死には実は、生物体としての肉体の死に還元できない、「社会的な側面」が存在します。たとえば、医師による診断書や死亡診断書や死体検案書を付して死亡届を役所に届け出て、戸籍の記載変更を行うなど、法的な手続きによって死が確認されるということがあります。こうした死を、「法的死」と呼ぶことができます。また、通夜や葬式等の死者儀礼を通じて近親者や関係者の中で、死が確認されるということもあります。こうした死を「儀礼的死」と呼ぶこともできます。

「法的死」「儀礼的死」はいずれも、死の「社会的側面」を指すものであり、これを「社会的死」と呼ぶ人もいます。

また、狭義の社会的死について考えておくことも必要です。この「社会的死」について澤井敦は次のようにいっています。

「社会的死という語は、マス・メディアやインターネット上でも少なからず用いられている。たとえば、かつてのハンセン病患者や初期のエイズ患者等がおかれた、周囲から社会的関係を遮断された社会的存在を否定されてしまう状態を、社会的死と表現する例である。また、定年退職や失業等、社会的地位・役割の喪失を社会的死と表現する例も少なくない。このように、社会的死というとらえ方は、学問的研究における概念というだけではなく、一般社会で少なくとも感覚的にはある程度共有されているとらえ方だといえる。これらの例では、社会的死という概念は、当人の社会的存在意義の終焉という事態を指し示すものである。社会学ないしは社会理論で社会的死という概念が用いられるのも、基本的にはこのような意味においてであった。」

このように社会的死は、人が社会とのつながりをもたなくなった事態を指し示す場合に用いられる語のようです。人間は、生物的にも死を迎えますが、生物学的に生きていても、社会とのつながりを失った場合には、人間存在としては社会的死の状態にあるということです。

この社会的な死をめぐっては、「生と死から学ぶいのちの教育」という座談会の中でも取り上げられています。

近藤「私は思うのですが、例のWHOの健康の定で、『メンタル』『フィジカル』『ソーシャル』の三つの側面にプラス今度は『スピリチュアル』が入ってこようとしています。それと同じように、『フィジカルでソーシャルでスピリチュアルでメンタルな死』ということもあるのではないか。まさにそういう統合的な死ということを考えていかなければならないのではないでしょうか。そうした四つの側面を含む言葉として、日本語の『死』という言葉には、やはり手垢がついていて、『フィジカル』な死ということにどうしても連想が行ってしまうのでうまくない。そこに私は一つの拒絶が起こる大きな原因があるのではないかと思うのです。そういう意味で、『フィジカル、スピリチュアル、メンタル、ソーシャル』の死ということを考えた場合に、それを全部取り込む新しい言葉として「いのち」という言葉を遣ってみたいと思います。」

これに対してデーケンは「それは大変重要ですね。私は『カルチュラル・デッス（cultural death　文化的な死）』も付け加えたい。私は死を四つに区別します。一つは一切生きる意味を失う『心理的な死』、第二は一人ぼっちにされる『社会的な死』、第三は『文化的な死』ですね。人間には文化的な潤いが必要ですが、今の病院の中では肉体的な死の前に、文化的な面での死を迎える人が結構多いと思う。そして第四として肉体的な死を考えています。」（現代のエスプリ、２０００年、５月号）

　デーケンは、今紹介した「心理的な死」（psychological death）とは、肉体的には生きていても、生きる意欲をまったく失ったら、それは「心理的な死」である、といっています。特にこれからの高齢社会では増えてくると指摘しています。確かに長く生きることはすばらしいことですが、ただ長く生きるだけではなく、クオリティー・オブ・ライフ（ＱＯＬ＝生命や生活の質）を大切にしてほしいと彼は強調します。

　また、「文化的な死」とは、病院等で、一切文化的なことから遮断されてしまう状態を指しています。人間は、文化のうるおいの中で生活することで人間らしさを味わうことができるのです。したがって肉体的に生きていても、文化との折衝がない人にとっては、それは「文化的な死」の状態にあるといってよいというのです。

　このように人間の死を肉体的な死だけではなく、「心理的な死」「文化的な死」「社会的な死」と考えている人たちが存在します。子育て、保育、教育に携わる者は、生物的な死だけではなく、「心理的な死」「社会的な死」「文化的な死」など、生きているときの死の側面についても理解し、励んでほしいと思います。以上死の性格について述べてきました。

6. 死後の生はあるのか？

これまでは生と死について考えてきました。しかし、生と死について考えるとき、どうしても、死後について考えてみたくなります。日本でも、極楽、地獄という言葉で死後のことが語られてきました。また、キリスト教文化圏の中では、天国、地獄について語られてきました。わが国でも仏教的な習慣として、お盆のときに、迎え火、送り火を焚くことが依然として行われています。これらは死者の存在を信じていることの表れとしてみてよいのではないでしょうか。

また、仏教では輪廻転生という言葉で人間の生まれ変わりが語られています。キリスト教でも人間の復活が教えられています。死は、死んでまったく「無」になるのでしょうか。それとも死後の生はあるのでしょうか。それによっては、この世での生き方が異なってくるのではないでしょうか。考えてみれば、確かに誰も死んでこの世に戻ってはきておりません。一般的には、そう信じられています。したがって死後の生は正確には理解できません。しかし、科学的に証明できないということで、この問題を避けてよいのでしょうか。

というより、よく考えてみれば、科学的には死後の生の証は不可能ではないでしょうか。たとえば、教育学者の今井重孝は「シュタイナーのライフサイクル論―死後の生活も射程に入れて―」という論文の中で、科学的な死後の生の証明について次のようにいっています。「死者との交流について一言だけ述べておきたい。死者は、天界を上昇して行くのであるが、その上昇は、死者の心魂や自我（スピリチュアリティー）がどこまでも拡大していくことによってなされるので、死者は、地上の人間とも同じ空間にいることとなり、いつでも、思いを向ければ死者はすぐにその人に気がつくといわれる。生者が死者に思いを向けてくれないと死者は、地上の様子がわからず、孤独な思いになるともいわれる。

こうした主張は、死後の生活が自然科学によって証明不可能であるように、実証科学によっては確認できないことであるが、死後の生活が無いこともまた自然科学によっては証明不可能である以上（渡邊、１９５９、i―ii）、結局のところ物語の選択問題に帰着するのであるが、本章で提示された見方の正しさは、この見方にしたがって人生を歩むことによって、人生の中で感得されるものだとシュタイナーは述べています。」

ここで今井がいうように、死後の生は自然科学によっては証明不可能です（今井は渡邊照宏『死後の世界』（岩波新書、1959年）に書かれている考えを参考にしています）。

また、死後の世界があるかないかということについて仏教学・宗教思想の研究者である末木文美士は次のようにいっています。

「今日の日本の人気哲学者の一人である中島義道が、最近『「死」を哲学する』（中島、2007）という本を出版した。

今の日本で哲学者がどのように死を考えているかを知るよい手がかりとなる。その中で中島は、『死後私は何らかのかたちで生き続けるかもしれず、即ち、何らかの有かもしれないのですが、今後の講義ではそういう可能性を詮索することはやめ、死を完全な無とみなしたうえで、無とはなにかを探っていくことにしましょう』（中島、2007、90ページ）と、死を無とみる見方を前提としている。

しかし、死を無とみることをそれほど簡単に前提としてしまってよいのでしょうか。『死後私は何らかのかたちで生き続けるかもしれず、即ち、何らかの有かもしれない』という可能性を、なぜ考慮にいれずに、一方だけの見方を採用するのでしょうか。

哲学がすべてのみせかけの真理を疑い、あらゆる可能性を考慮にいれて思索するものであるとするならば、中島はすでに一方を切り捨て、一方の可能性のみを採用することによって、哲学することをやめしまっているのではないだろうか。」

ここで、末木がいうように一方的に死を無とみなすことは正しいとはいえません。

そして末木は、哲学について次のようにもいっています。「哲学とは死について学ぶことであったはずなのに、いまや哲学は死を忌避し、ひたすら生にしがみつくだけのものになってしまった。死を先駆的決意によって先取りしようとしても、本当に死んでしまう以外には所詮、到達不可能であり、死は生の限界状況としか言えないことになる。死はいつまで経っても彼方でしかない。しかし、どこかおかしい。なにか間違っていたのではないか。死について論ずることは本当に無意味なのか。死について語りうる別のルートはないのだろうか。」 末木はこのように、死について追求するルートを真剣に模索しています。

そして末木は、「『死』は（自分の死を含めて）実は瞬間的な問題でなく、死にゆく過程として幅を持っている。『死』は生から死後へと移行する過程と言ってもよい。それゆえ、ここでも『死後』が問題とならざるを得ない。」ということによって、死は生から死後へと移行する過程であるので、死後が問題になると自分の考えを述べています。

また、もう1つ、末木は、哲学と宗教との関連について「今日哲学が再生する可能性があるとすれば、宗教を取り戻す以外にない」と明確にいっています。哲学の再生が宗教を取り戻すことであるとする末木の主張は強烈であり、特に死後の生を考えるにあたっては説得力をもって迫ってきます。私も末木の考え方に同感です。哲学は、こと死については宗教と手を結んで探究することが肝要です。

キューブラー・ロス―「死は存在しない」―

さて、この死後の生は、最近では科学的にも死後生が研究され、発表されてきています。そのうちのひとりが世界的に知られているアメリカの医学者であるキューブラー・ロスです。

彼女は末期癌にかかった人にインタビューをし、科学的に死にいたる人間のプロセスを研究しました。有名な『死の瞬間　死とその過程について』（鈴木晶訳、読売新聞社、1998年）という著書等に自分の研究結果を発表しています。そのロスが死について次のようにいっています。彼女の研究に対しては賛成する人、反論する人とさまざまな人がいますが、まず彼女の考えを知ることにしましょう。

ロスは「臨床的にいう死を宣告されながらも再び生き返った患者さんを、私たちは世界各地で二万人も見てきています。自然に生きかえった方もいれば、蘇生術によって生き返った方もいます。」

「私が死にゆく子どもたちとの会話で使っている象徴的な言葉を理解していただけるなら、人間の肉体の死というのは、チョウがマユから出ていくのと全く同じということがお分かりになるでしょう。これは本当の自己ではなく、仮住まいの家にすぎません。シンボリックに言うならば、死とはただ、一つの家からもっと美しい家へと移り住むだけのことです。」

また、ロスは次のようにいいます。「こうした驚くべき発見の数々から導きだされたのは、さらに驚くべき科学的結論、すなわち、従来のような意味での死は存在しないというう結論だった。どんな定義になるにせよ、死の新しい定義は肉体の死を超越したところまで踏み込まなければならないと、私は感じていた。それは、肉体以外のたましいや霊魂と言ったもの、いのちに対する高度な理解、詩に描かれたもの、たんなる存在や生存以上のなにか、死後も連続するなにかを吟味しなければならないということでもあった。」

このようにいうロスは、多くの患者さんから直接聞いた話を証拠としてもっているのです。その内容はいわゆる幽体離脱（魂がその人の肉体を離れること）や「臨死体験」（死を宣告された人の魂がいったん肉体を離れて自分を見下ろしたり、あの世へ行って、戻ってくる体験）の多くの実際の話を見聞きしているからです。一例を引用しましょう。

「ある十二歳の子どもの場合ですが、彼女は自分が臨死体験で経験したすばらしい体験を母親に話したがりませんでした。どんな母親も、自分の家よりすてきなところだったという話等を聞きたいとは思わないでしょう。その気持ちはよく分かります。しかしこの子はこれほどの珍しい体験を、どうしても誰かに話したくてたまらなかったのです。とうとう、ある日父親に打ち明けました。死ぬのはとてもとても美しい体験なので、もう戻ってはきたくなくなるのよ、と。何がそんなに特別な体験だったのかというと、その雰囲気はもちろんのこと、すてきな愛や光や、そして何よりも彼女のお兄さんがそこにはいて、大きな優しさや、愛、共感で彼女を包み込んでくれたことだった。話し終えた後、彼女は父親に聞きました。『でも、一つ問題があるわ。私、お兄ちゃんなんていないのに』すると、父親は泣き出して、実はお兄ちゃんがいたのだと告白しました。彼女が生まれる三ヶ月前にあの世へと逝ってしまったお兄さんがいたのですが、そのことを彼女には伝えていなかったのです。」

彼女は、先にあの世へ行っていたお兄さんに会ってきたのです。このような例はロス以外の研究者からも臨死体験をした人から多く知ることができます。

ロスは、幽体離脱や臨死体験をした人から共通したあの世の話を聞いて訴えているのです。「私の本当の仕事は、死は存在しないということをみなさんに伝えることであって、だからこそみなさんの助けが必要なのです。人類は、このことを知らなければなりません。そして、死は存在しないということ知るためには特別に何かしなくてはならない、ということはないのです。ただ、自分自身の内部で静かに自分自身とふれ合えばよいのです。内なる自己にふれ、恐れないことを学べばよいのです。恐れない方法の一つは、死は存在しないことを知り、この人生で起こることは全て肯定的な目的を持っているのだと知ることです。否定的な考えを全て捨て、人生を内なる資質や力量を試すというチャレンジだという目で見てゆきなさい。」といっています。このようにいえるロスは、実は自分自身が臨死体験をしているからなのです。

世界的な心理学者ユングの臨死体験

この臨死体験は世界的に有名な心理学者であるユングも体験しています。彼の自伝から引用しましょう。

「1944年のはじめに、私は心筋梗塞につづいて足を骨折するという災難に遭った。意識喪失のなかで譫妄状態になり、私はさまざまの幻想（ビジョン）をみたが、それはちょうど危篤に陥って酸素吸入やカンフル注射をされているときにはじまったに違いない。幻想のイメージがあまりにも強烈だったので、私は死が近づいたのだと自分で思い込んでいた。後日、付き添っていた看護婦は、『まるであなたは、明るい光輝に囲まれておいでのようでした』と言っていたが、彼女の付け加えた言葉によると、そういった現象は死んで行く人たちに何度かみかけたという。私は死の瀬戸際まで近づいて、夢見ているか、忘我の陶酔のなかにいるのか、分からない。とにかく途方もないことが、私の身の上に起こり始めていたのである。」　ユングは、空の高みに登っている体験や地球を上から眺めたこと、そして主治医の博士がメッセージを伝えるために来て、ユングが地球から離れる権利はなく、引き返さなければならないというメッセージを彼から聞いた途端に見ていた幻像が消えたというのです。これ以降ユングは彼のいう「至福体験」「無時間の恍惚」を体験するようになるのです。「この幾週間は、私は不思議なリズムの中で生活していた。昼間はいつも抑うつ的であり、憔悴し、みじめに感じ、ほとんど動こうとしなかった。『いままた、この灰色の世界に返らなくてはならないのか』と夕方ころになると私は眠り込んで、ほぼ真夜中まで眠り続けた。それから私自身に立ち返って、約1時間目覚めていたが、その間全く違った状態であった。まるで私は、恍惚状態（エクスタシー）にいるようであった。私は、あたかも宇宙空間を浮遊しているように、また、宇宙という子宮のなかで安心しきっているかのように感じた。—そこで途方もない真空状態であったが、しかし、あらんかぎりの幸福感に満たされていた。—『これは筆舌に尽くせぬ、永遠の至福だ、あまりにもすばらしすぎる』と私は考えた。（中略）この様な経験があり得るとは、想像すらできなかった。それは想像の産物ではなかった。幻想も、経験も、本当に現実であった。それらについて主観的なものはなにもない。それらはすべて、絶対的、客観性をもっていた。」

偉大な心理学者は、この体験をしてから主要な著作を初めて書き出したと、自ら語っています。以上は臨死体験を経験した人たちからの情報です。そこで次に自身は臨死体験を経験していないが、臨死体験に深い興味をもって追究した人の考えを紹介しましょう。

立花隆の臨死体験研究

作家、評論家である立花隆は『臨死体験』という上下2巻（春秋社、1994年）の本の中で臨死体験について詳しく論じています。立花は臨死体験の国際会議に出席するとともに、NHKの協力を得て、1年間かけて日本各地はもとより、アメリカ、カナダ、イタリア、インドにまで取材の足をのばして、「臨死体験」という大型ドキュメンタリー番組を制作しました。

その本の中で臨死体験について次のようにいっています。

「こういう例はどう考えても、脳損傷による人格の変化とは思えない。臨死体験には、何かよくわからぬが、それだけ人間を変えることができる一種のパワーというかエネルギーがある。」

このようにいう立花は、人は死んでも存在し続けるという報告の事例をこの本の中で多く紹介しています。しかも彼は、科学的調査とは何なのかという、科学的な方法についても多角的に分析し論じています。そして科学的解釈論の限界について次のようにいっています。「私はどちらかというと、基本的には、物事を科学的に解釈しようとする性向をもつ人間だが、この臨死体験というテーマを追いかけていると、このように、どうしても通常の科学では解釈しきれない現象に出会うということも事実なのである。」 しかし彼は臨死体験について次のようにもいっています。「では、私はどう考えているのかというと、先に書いたように、基本的には、脳内現象説に立っている。つまり、基本的には、物質的一元論で、この世界は説明できるだろう、という科学的世界観の側に立っている。しかし一方で本当にそうだろうかという、懐疑心も常にもっている。（中略）そういうわけで、私も基本的には脳内現象説が正しいだろうとは思っているものの、もしかしたら現実体験説が正しいものかもしれないと、そちらの説にも心を閉ざさずにいる。」

立花は、多くの事例を読み、かつ多くの臨死体験者や研究者に直接会って、自分の考えをまとめて、このように結論を出しています。

よりよく生きることへの意欲の大切さ

立花は臨死体験について現実体験説、脳内現象説、のどちらが正しくても大した問題ではないといっています。

そして次のようにいっています「臨死体験の取材にとりかかった初めの頃は、私はどちらが正しいのか早く知りたいと真剣に思っていた。それというのも、私自身死というものにかなり大きな恐怖心を抱いていたからである。しかし、体験者の取材をどんどん続け、体験者がほとんど異口同音に、死ぬのが怖くなくなったというのを聞くうちに、いつのまにか私も死ぬのが怖くなくなってしまったのである。これだけ多くの体験者の証言が一致しているのだから、たぶん、私が死ぬときも、それとよく似たプロセスをたどるのだろう。だとすると、死にゆくプロセスというのは、これまで考えていたより、はるかに楽な気持で通過できるプロセスらしいということがわかってきたからである。」

このようにいって、立花はまた、臨死体験者たちが異口同音にいう言葉を紹介しています。それは「臨死体験をしてから生きるということをとても大切にするようになった。よりよく生きようと思うようになった」という言葉です。

死後生があるか否かは、そう簡単にはわかりません。臨死体験をした人があの世の存在について証言している事例をロスや立花の紹介で知ることはできます。しかし、本当に死んだ人がこの世に戻ってきたのかどうかは、まだ、確実にはいい切れません。私は臨死体験をした人の証言や、立花の書いた本や立花が編集した『証言・臨死体験』(文藝春秋社、1996年)などを読んで、臨死体験は実際に事実としてあると思っています。「あなたは、臨死体験をしたのです」と、医師からいわれた、ある大学の名誉教授からも直接その体験を聞いたこともあります。また、現在、臨死体験について、特にアメリカではさらに厳密な研究も多角的に進められており、その論文のいくつかを読んでも私の考えは変わりません。

何よりも立花もいうように、大切なことは、臨死体験を経験した人たちが異口同音に、この世に戻ってきたあとは、人や社会に奉仕することに喜びを感じるようになった、ということです。したがってロスは、次のようにいいます。「死とはただこの世から、痛みも苦しみもない別の存在へと移るだけのことです。辛いおもいもいさかいもすべてなくなり、永遠にあるのは愛だけです。だからいま互いに愛しあって下さい。なぜなら、私たちは誰も、自分にいのちを与えてくれた人達とあとどれくらいこの世でともにすごすことができるかわからないのです。」

このロスの言葉をひとりひとり味わうことができたら素晴らしいと思います。

来世を信じることについて

医療倫理学者の藤田みさおは「来世を信じることは、人が抱く死の不安のある側面を和らげることができる。しかし、それで死の不安のすべてが無くなるわけではない。」といっています。来世を信じることができればある程度、死の不安は和らぐでしょう。藤田は、来世と死の不安についての科学的な研究を紹介した結果このようにいっているのです。日本人の死の不安についての研究を紹介してみましょう。

スクメイカー、ウォーレン、グロスマーナットが、1991年に139名のオーストラリア人被験者と121名の日本人被験者を対象に、死の不安を比較調査した結果、日本人被験者の方がオーストラリア被験者よりも、死の不安が高いという数値が出たとのことです。また、アメリカ人被験者264名と日本人被験者169人を対象に、死に対する態度の異文化比較を行った1995年の藤田の研究でも、藤田は日本人の被験者のほうが、アメリカ人被験者よりも死の不安が強いことが明らかになった、といっています。

日本人の方がどうも外国人よりも、死の不安が高いということがいえそうです。その理由は、国際的に有名な大規模なギャラップの世論調査からもわかります。この調査によると、死後の世界を信じる日本人はわずか18％にすぎません。これに対して、オーストラリアでは43％、アメリカではまさに67％の人々が来世の存在を信じているという結果が出ています。来世を信じる数値が低い日本人が死の不安を抱く理由がここからも理解できます。

ちなみに、アメリカ人のギャラップによる調査で死後の世界の捉え方について調べているので紹介しましょう。

死後の世界を信じますか。　はい　67％、いいえ　27％
地獄は存在すると思いますか。　はい　53％、いいえ　37％
天国は存在するとは思いますか。　はい　71％、いいえ　21％
輪廻転生を信じますか。　はい　23％、いいえ　67％

また、臨死体験者40名について、オーストラリアのサザーランドが１９８９年に調査した結果は、死後の世界を信じる人は、臨死体験前の47％から実に１００％へと増加し、死への恐怖があるという人は、体験前の78％から０％へと減少しています。藤田は研究の結果、来世が存在すると信じる死生観は、私たちが死と向かい合わなければならなくなったとき、私たちを導いてくれるガイドや地図のような役割をはたしてくれるのではないか、といっています。

そして、宗教との関連については研究の結果を次のように述べています。「来世信仰も含む伝統的宗教心が強ければ強いほど、『死がすべてのおわりであるとこわい』『神等存在しないと不安だ』『誰にも死後のことは絶対わからない』といった質問項目に代表される死の不安は軽減されることが示されたのである。」といっています。

死後の生の存在について信じることは、この世で生き、死ぬ私たちにとって死に対して余計な不安を取り除く働きをもたらすのではないでしょうか。

以上で、いのちと死の章を終えます。

第3章　いじめと子どものいのち

1. いじめと子どものいのち―子育て、保育、教育、大人、社会への挑戦―

いじめについてはテレビや新聞などのマスコミで取り上げられて報道されています。これまでの報道はいじめの事件が起きると視聴率を意識したかのようになされているようにも思います。また、国も、文部科学省もいじめによる自殺や死者が出るときには騒いで学校や教育委員会に通知を出して指導をします。根本的な解決策を真剣に考えているとはどうしても思えません。いじめは後で詳しく述べますが、人権問題であり、いのちにかかわる、子どもたちにとっても親にとっても根本的な問題なのです。それを重視しないで、ことが起きたときに対処療法的に対応しているのでは解決になりません。表向きは重要なことであるように発表しますが、ことが収まると目はほかの問題にすぐ移ってしまう。これまでがその流れです。

教育はいのちを大切にすることを教えなければなりません。そのことをまず教えないで何を教えるというのでしょうか。

いじめられて自殺をした鹿川裕史君と大河内清輝君の遺書から考える

まず鹿川裕史君の遺書を紹介して考えたい。

1990年に東京の中野区の中学2年生の鹿川君がクラスの同級生にいじめられて自殺しました。彼は山形県の祖父の家に出かけて駅のトイレで首吊り自殺をしました。彼の遺書には次のように書かれていました。

「家の人、そして友達へ。突然姿を消して申し訳ありません。くわしいことについては○○とか××とかにきけばわかると思います。俺だって、まだ死にたくない。だけどこのままじゃ『生きジゴク』になっちゃうよ。ただ俺が死んだからって他のヤツが犠牲になったんじゃいみないじゃないか。だから、もう君達もバカな事をするのはやめてくれ。最後のお願いだ。昭和六十一年二月一日　鹿川裕史」

この彼の悲痛な遺書を読んで心の中に憤りを覚えない人はいないと思います。

実は彼がいじめられて自殺をする前にいじめはさほど学校でも社会でも大して問題視されませんでした。この事件の後当時の文部省は、緊急にいじめをなくすための通知を出すのです。そしていじめは減っていった、とみなされました。文部省も社会もマスコミも安心してしまいました。問題を深くとらえることをせずに、受け流してしまったのです。なくなった子どもの胸中を深く思うと感性と人間性をもたない社会であったというべきでしょう。減ったとされる理由は、国に届ける数が減ったからです。ここに問題が隠れています。当時の文部省は、「いじめられている子が確認されている場合にいじめとする」という考えを決めたからです。いじめた子はいじめたとはいわない。したがっていじめと認めないで、学校は教育委員会には報告しなかったのです。しかし実際にはいじめはあったのです。大人社会が安心して対策を練らないでいる間にいじめは進行していたのです。

そこで鹿川君の遺書の内容について考えてみましょう。

彼は、自分が突然姿を消すことを、「申し訳ありません」と書いています。周囲の、特に家の人に対して、そして友達に対して死ぬお詫びをしています。私は、彼は死ぬ前にかなり苦しんだと思います。戦ったと思います。死のうか、どうしようかと思ったと思います。死ぬと家の人が悲しむことを考えたと思います。しかし、いじめのことをいうことも心配させてしまうことも考えたと思います。しかし、彼の本心は「俺だって、まだ死にたくない。」という文にあるように、死にたくはなかったのです。でも「だけどこのままじゃ『生きジゴク』になっちゃうよ」とあるように、いじめの連続では生きたままの地獄だというのです。

この気持ちは当人でなくてはわからないと思います。死にたくない、でも生き地獄だと思って生きていた彼の涙と苦しみの気持ちを思うと私たちはいじめの陰惨な悪を思わないではいられません。そして彼は「自分が死んだって、他のヤツが犠牲になったんじゃ意味がない」、といっています。自分はとことん苦しんだ。その苦しみを、他の人が苦しむのを彼は味合わせたくないといっています。何という優しさなのでしょうか。いや、それほどいじめは人をジゴクに陥れるような七転八倒の苦しみであったのでしょう。彼は自分のいのちをかけて懇願し、叫んだのです。

この彼のいじめた当人に対する、また大人、学校に対する訴えを私たちは無視してきたといっても過言ではありません。一体彼は何のためにあのような内容の遺書を書いたのでしょうか。彼の死は無駄だったのでしょうか。一体何のために彼は自殺をしたのでしょうか。私は彼のような人は私たち大人に、「普通の人間の心をもった人間になってほしい」

という訴えをしてくれた教育者といいたいと思います。さらにいうと私たちが人間となるため犠牲となって死んでくれた聖人とさえ思えるのです。このいいかたが正しいかどうかはわからない。私がいいたいのは彼の死を無駄にしたくないという思いです。

そして、社会全体が、いじめが収まったという認識でいたとき、また国中に衝撃が走りました。次のいじめによる遺書が見つかったのです。愛知県の中学2年生の大河内君がいじめられて自殺をした後、長い彼の遺書が見つかって公表されました。その全文を紹介しましょう。

大河内清輝君の遺書。

「いつも4人の人（名前が出せなくてスミマセン。）にお金をとられていました。そして、今日、もっていくお金がどうしてもみつからなかったし、これから生きていても・・・・。だから・・・・。また、みんなといっしょに幸せにくらしたいです。しくしく。

小学校6年生ぐらいからすこしだけいじめられ始めて、中1になったらハードになって、お金をとられるようになった。中2になったら、もっとはげしくなって、休みの前にはいつも多いときで六万、少ないときでも三万～四万、このごろでも四万。そして十七日にもまた四万ようきゅうされました。だから・・・・。でも、僕がことわっていればこんなことには、ならなかったんだよね。スミマせん。もっと生きたかったけど・・・・。家にいるときがいちばんたのしかった。いろんな所に、旅行につれていってもらえたし、何一つ不満はなかった。けど・・・・。あ、そうそう！　お金をとられた原因は、友達が僕の家に遊びにきたことが原因。いろんなところをいじって、お金の場所をみつけると、とって、遊べなくなったので、とってこいってこうなった。

オーストラリア旅行。とても楽しかったね。あ、そーいえば、何で奴らのいいなりになったか？　それは、川のできごとがきっかけ。川につれていかれて、何をするかと思ったら、いきなり、顔をドボン。とても苦しいので、手をギュッとひねった。助けをあげたら、また、ドボン。こんなことが四回ぐらいあった。特にひどかったのが矢作川。深い所は水深五〜六mぐらいありそう。図1みたいになってる。ここで（A）につれていかれて、おぼれさせられて、矢印の方向へ泳いで逃げたら、足をつかまれてまた、ドボン。しかも足がつかないから、とても恐怖をかんじた。それ以来、残念でしたが、いいなりになりました。あと、ちょっとひどいこととしては、授業中、てをあげるなとかテストきかん中もあそんだとかそこらへんです。

家族のみんなへ

十四年間、本当にありがとうございました。僕は、旅立ちます。でも、いつかあえる日がきます。その時には、また、楽しくくらしましょう。お金の件は、本当にすみませんでした。働いて必ずかえそうと思いましたが、その夢もここで終わってしまいました。そして僕からお金をとっていた人たちを責めないで下さい。僕が素直に差し出してしまったからいけないのです。しかも、お母さんの二万円を僕は、使ってしまいました（でも、一万円は、〇〇子さん〈注　おばの名〉からもらったお年玉で、バックの底に入れておきました）

まだ、やりたいことがたくさんあったけど、・・・・。本当にすみません。いつも、心配をかけさせ、ワガママだし、育てるのにも苦労がかかったと思います。おばあちゃん、長生きして下さい。お父さん、オーストラリア旅行をありがとう。お母さん、おいしいご飯をありがとう。お兄ちゃん、昔から迷惑をかけてスミマせん。△△〈注　弟の名〉、ワガママばかりいっちゃダメだよ。また、あえるといいですね。最後に、お父さんの財布がなくなったといっていたけれど、二回目は、本当に知りません。

see you again

いつもいつも使いぱしりにもされていました。それに、自分にははずかしくてできないことをやらされたときもあった。そして、強せい的に、髪をそめられたことも。でも、お父さんは僕が自分でやったと思っていたので、ちょっとつらかった。そして二十日もまた金をようきゅうされて、つらかった。あと、もっともつらかったのは、僕の部屋にいるときに彼らがお母さんのネックレスなどを盗んでいることを知ったときは、とてもショックでした。あと、お金をとっていることも・・・・。　自殺した理由は今日も四万とられたからです。そして、お金がなくて、「とってこれませんでした」っていっても、いじめられて、もう一回とってこいといわれるだけだからです。そして、もっていかなかったら、ある一人にけられました。そして、そいつに「明日、十二万もってこい」なんていわれました。そんな大金はらえるわけありません。それに、おばあちゃんからもらった千円も、トコヤ代も、全て、かれらにとられたのです。そしてトコヤは自分でやりました。とてもつらかったでした（二三日）

また今日も、一万円とられました（二四日）

そして今日は二万円もとられ、明日も四万円ようきゅうされました（二五日）あと、いつも、朝早くでるのも、いつもお茶をもっていくのも、彼らのため、本当に何もかもがいやでした。

なぜ、もっと早く死ななかったかというと、家族の人が優しく接してくれたからです。

学校のことなど、すぐ、忘れることができました。けれど、このごろになって、どんどんいじめがハードになり、しかも、お金もぜんぜんないのに、たくさんだせといわれます。もう、たまりません。最後も御迷惑をかけて、すみません。忠告どおり、死なせてもらいます。でも、自分のせいにされて、自分が使ったのでもないのに、たたかれたり、けられたりって、つらいですね。

僕はもうこの世からいません。お金もへる心配もありません。一人分食費がへりました。お母さんは、朝、ゆっくりねれるようになります。△△〈注　弟の名〉も勉強に集中できます。いつもじゃまばかりしてすみませんでした。しんでおわびいたします。

あ、まだ、いいたいことがありました。どれだけ使い走りにさせられたかわかりますか。なんと、自転車で、しかも風が強い日に、上羽角からエルエルまで、たしか一時間でいってこいっていわれたときもありました。あの日はたしかじゅくがあったと思いました。あと、ちょくちょく夜でていったり、帰りがいつもよりおそいとき、そういう日はある二人のために、じゅくについていっているのです。そして、今では「パシリ1号」とか呼ばれています。あと、遠くへ遊びにいくとかいって、と中で僕が返ってきたってケースはありませんでしたか。それは、金をもっととってこいっていわれたからです。あと、僕は、他にいじめられている人よりも不幸だと思います。それは、なぜかというと、まず、人数が四人でした。だから、一万円も四万円になってしまうのです。しかもその中の三人は、すぐ、なぐったりしてきます。あと、とられるお金のたんいが一ケタ多いと思います。これが僕にとって、とてもつらいものでした。これがなければ、いつまでも幸せで生きていけたのにと思います。テレビで自殺した人のやつを見ると、なんで、あんなちょっとしかとられていないんだろうっていつも思います。最後に、おばあちゃん、本当にもうしわけありませんでした。」

ここに書かれた内容について考えてみましょう。

彼が自殺した理由は、クラスの複数のいじめっ子からお金を取られたこと、特に母親のネックレスやお金をとられたことなどです。また、「自分にははずかしくてできないことをやらされたときもあった」ともいっています。川に連れて行かれて、繰り返し沈められて恐怖を感じたことです。いじめる人はいじめられている人の気持ちを考えることはしません。一方的に恐怖に陥れるのです。

大河内君も、「まだ、やりたいことがたくさんあったけど」といっています。本当は死にたくはないのです。でも限界だったのでしょう。優しい彼はご両親に対して楽しかったこと、家にいるときがいちばん楽しかったことを書いています。心配をかけたこと、わがママだったこと、育てるのに苦労がかかったことを書いています。

そして彼の心の深いところの表現として私は解釈していますが、「いつかあえる日がきます」「また、あえるといいですね」という箇所についてですが、やはり家族と離れたくないと思います。しかし生きてはいられません。生きることが怖いのです。そのことが「僕からお金をとっていた人たちを責めないで下さい」という箇所から理解できます。これは彼らを許して下さいという意味ではないと思います。死ぬときでさえ怖いのです。いじめられて死のうと思った他の人の証言からもこのことはわかります。

全文をとおして彼の優しさが伝わってきます。そしていじめた人たちの陰惨な行為が重くのしかかってきます。

鹿川君のいじめがあって、また大河内君のいじめが発生したのです。この遺書が発見され、マスコミによって報道されたときまたもや国中がいじめ報道一色になりました。また、トピック的に取り上げられました。そして当時の文部省も議論をし、全国に指導をしました。対策を練ったはずの文部省が同じ反応をしました。考え方を根本的に変えないままの議論です。その証拠に大河内君のいじめ自殺後の、２００６年にいじめによる自殺が相次いだのです。いのちを大切にする教育を血まなこになって取り組んでこなかったからです。人命の尊さを深く考えない教育観を変えないからです。

大河内清輝君の自殺後、当時の文部省はいじめについて「いじめられたという人がいたらいじめと認めよう」という考え方に変わりました。当たり前です。いじめられている側の心を洞察し、当事者の気持ちを汲む人間としての深い優しさがなかったのです。文部省の官僚、文部大臣、教育委員、学校関係者、大人たちに人間性が薄かったといわれても仕方がありません。

文部省の考え方が変化した後いじめの数は増えました。当たり前です。増えたのではなく実際には進行していたいじめが表面に現れただけのことです。そしてまたもや報道などいじめに関する議論は収束していきます。根本的な議論のないままに。いのちを軽視した教育観といってもよいと思います。このような考え方の教育観がある中、小学生が友人を学校内で殺す事件やいのちを軽視する事件が起きています。

なぜいのちを重視する教育を進めないのか。そのひとつの表れが、国全体で進めている「生きる力」の教育のスローガンにあらわれています。「生きる力」を育てる教育はそれ自体間違ってはいません。受身ではなく、子どもたちが自立して生きていくことができることは間違ってはいないのです。しかしそこに落とし穴が潜在していることを見逃してはなりません。「生きる力」はともすると生き抜く力、競争して生きる力、自分だけが生きる力、ひとのことを思わないで生きる力になりかねない。私は子どもの生きる力は国家の動きの中で経済的に生きる力の要請に思えて仕方がない。新たな能力主義、能力競争のように思えて仕方がありません。経済界の要請、市場原理に基づいた生きる力の競争に思えるのです。

このような教育による新たな子どもたちの間での競争が、人間としてのひとりひとりの様相に見合う教育を遠ざけてしまったのです。いのちを大切にする、共に生きる、という能力がどこか遠くへ押しやられてしまったのです。いじめ問題はその教育の流れの中で隅っこに追いやられてしまったのです。

教育で何が大切かは、前にも述べたように、心の優しさであり、共に助け合って生きる力です。このことを真剣に考えない教育がいじめを生み出し、いじめの解決を遠ざけてしまいました。私たちは今こそ教育とは一体何かを根本的に問わなければなりません。そうでないと子どものいじめは減らないし、自殺もなくなりません。数が減ったとしてもその分、形を変えた子どもの心のうっ憤は、どこかに表出されていくでしょう。

大河内君の悲痛な叫びを今こそ国全体で、大人全体で真摯に受け止めなければなりません。そうでないといじめられて亡くなった子どもたちは浮かばれません。否、人間としての私たちの心が浮かばれないのです。私たちが人間としてだめになってしまいます。そしてこの国の国民が人間として駄目になってしまいます。そのことは現在の子どもたちが人間として育つかどうかの分岐点になるとさえ私は思います。再度いいます。いじめの問題に真剣に取り組めない教育は国を滅ぼす元です。いじめをまともに取り上げない教育は虚偽の教育です。彼らは何のためにあんなに苦しみ悩み七転八倒し、死ぬまでもがいて生きたのか。そして死んだのか。今、私たちは彼らから問われています。あなたは人間としてそれでよいのですか、と。

2. いじめとは何か

これまでにいじめの問題性について、そして私たちに何が問われているのかについて述べました。ここでは、一体いじめとは何なのかについて述べたい。「僕はからかっただけですよ」「あいつが勝手にいじめられている、って言っているだけですよ」「レスリングごっこをしていただけですよ」等の言葉を当の子どもたちから聞くことがあります。そして

「何でもいじめ、っていうとひ弱な子どもになってしまう」という声も聞こえてきます。いじめが本当にいじめかどうかが争われることがあります。

いじめの定義

そこでここでは落ち着いていじめとは一体なにを指すのか、について考えてみたいと思います。

いくつかのいじめについての定義を紹介しましょう。これらは研究者がそれぞれ独自に考え出したいじめについての内容です。違いがありますが共通点もあります。これらを参考にしながら考えましょう。

警視庁―「いじめとは、単独または複数の特定の人に対し、身体に対する物理的攻撃または言語による脅かし、いやがらせ、無視等の心理的圧迫を反復継続して加えることにより、苦痛を与えること」

菅野盾樹―「いじめとは、学校で、もしくは学校の近隣、あるいは学校生活の延長線上で、学級を中心とする各種の集団の多数派が少数者に対して、くりかえし多少なりとも長期間に渡って与える、差別的な集合現象である」

前島康男―「いじめとは、いじめられている子が身体的・精神的に苦痛を感じることをいい、こどもの権威主義的な集団形成の一つの方法として、少数のこどもたちを多数が相当長期的にわたり、物理的・言語的に一方的に攻撃し、その結果支配―被支配の関係を再生産する差別行為・人権侵害行為である。」

森田洋司―「いじめとは、同一集団内の相互作用過程において優位に立つ一方が、意識的に、あるいは集合的に、他方に対して精神的・身体的苦痛を与えることである。」

東京都―「いじめとは、同一集団内で単独又は複数の成員が、人間関係の中で弱い立場に立たされた成員に対して、身体的暴力や危害を加えたり、心理的な苦痛や圧力を感じさせたりすること。」

文部科学省―平成18年度までの定義。「(1) 自分より弱い者に対して一方的に、(2) 身体的・心理的な攻撃を継続的に加え、(3) 相手が深刻な苦痛を感じているもの。なお、起こった場所は学校の内外を問わない。」

平成19年度からの定義。「児童生徒が、一定の人間関係のある者から心理的・物理的な攻撃を受けたことにより、精神的な苦痛を感じているもの。なお、起こった場所は学校の内外を問わない。」 このことについては後で述べます。

各定義の解説

共通点についてまず考えてみましょう。

1．強い方から弱い方へ一方的に振るう行為

いじめは力の強い方から弱い方へ、一方的に振るう行為です。対等の力の場合にはこれは喧嘩であり、争いです。いじめはそうではありません。自分より弱いとみなした方へ力を加える行為です。しかも、やりあいをするというより、一方的に力を加えるのです。いじめる子どもは決して強い方へ向かうことはあり得ないのです。複数で強いものへ抵抗することはありますが、それは勝つ公算があるから、抵抗するのです。

2．集団から個人へ

いじめは個人から個人へなされることがあります。しかし現在のいじめの特徴は複数の子どもたちがひとりの子どもへ攻撃がなされる特徴を持っています。一対一でいじめることよりも複数でいじめることを一種楽しんでいる様相を呈しています。卑怯な心の貧しさを表しているように思えてなりません。

3．心身ともに苦痛を与える目的をもっています

いじめは、誰でもよく、偶然に会った人をただ攻撃するのではなく、特定の相手をねらって、心身に苦痛を与える目的をもって行われる行為です。いじめは相手に苦痛を与えるという非人間的な行為なのです。同じ時代の同じ集団で生活している仲間に加える行為なのです。

4．一定程度長期にわたっています

いじめは1回でもいじめです。しかし、いじめの非人間的な行為としての特徴は、繰り返し特定の人に対しなされる許しがたい行為なのです。いじめられる側はそのいじめの特徴に対して常に怯え、恐怖感で心が震え、誰に知られることもなく、ブルブル震えて暮らしているのです。落ち着いて勉強などはできないのです。

5．差別的行為です

いじめは人間に対する差別的な行為です。

菅野盾樹は『いじめ＝〈学級〉の人間学』（新曜社、１９８６年）という著書で「今後こ

の点ははっきりさせたいが、いじめは差別のひとつの形態であり、そのかぎりで、いじめられる者の人権侵害に相当する行為にほかならない。」といっています。菅野がいういじめが差別であるという内容を今後われわれもさらに深く追求する必要があると思います。

文部科学省の定義について

2007年に文部科学省が、いじめについての考え方を変更し調査したところ、実に2006年度に確認されたいじめは12万4898件に上ることがわかりました。これは2005年度の約2万件から一気に6・2倍に増えた数字です。従来のいじめの定義から「一方的に」「継続的」「深刻」といった限定的な内容を削除した結果であるといえます。学校別にみると小学校約6万1千件(05年度の約12倍)、中学校約5万1千件(同4倍)、高等学校約1万2千件(同6倍)、特殊教育諸学校384件(同5倍)となっています。内容では、冷やかしやからかい(66%)、仲間はずれや集団で無視(25%)が多く、パソコンや携帯電話での中傷等は4%でした。

かつての文部省は、いじめた人、いじめられた人が確認できた場合いじめと認めようとしていました。いじめた人は、自分からいじめたなどとは決していわないものです。したがってその後のいじめの数は把握できにくくなり、結果として数字上は減ってしまいました。しかし、ここが問題なのです。このような内容でいじめを考えたこと自体に誤りがあったのです。そして大河内清輝君の事件が発覚した後、文部科学省はいじめられたという人がいたらいじめと認めようと考え方を変えました。その結果いじめの数は増えました。当たり前のことです。数が減ると社会は安心してしまいます。報道もさほど強くなされなくなっていきます。その雰囲気の中でいじめは見えないところで進んでいくのです。

私たちは、数が減ったからといって、いじめが減ったとか、取り組みに成果が上がったとかと考えてはいけません。そうではなくたびたびいうように、いじめは人のいのちにかかわる人権問題であるということを考え、また教育ではいのちを一番先に考えなければならないと考えて、教育に取り組むべきです。このことを常に考えて教育に取り組むべきです。そうでないといじめの数で一喜一憂し、いじめで自殺する子どもが出ると大騒ぎするのです。教育の原点がいのちであるということを国中で考えないといじめの問題はおろか、教育全体が誤った方向へそれてしまうのです。今こそ政治家から、国民ひとりひとりがこのことを真剣に考えなければなりません。そうでないと、「このままじゃ生き地獄だよ」という鹿川君たちの叫びは無駄になってしまいます。

3. 幼児にもいじめはある？

喧嘩といじめの違いについて

喧嘩といじめとの違いについては先にも述べました。簡単に振り返ってみましょう。

喧嘩はある程度、力が同じ人同士で行われる争いです。したがって、どちらかが一方的に被害を受けるということはありません。どちらもいやな気まずい気持ちが残ります。それに比べて、いじめはいじめられる側が、一方的に被害を受け、嫌な思いをするのです。そして、不安感、恐怖感を抱いて生活をするように陥ってしまうのです。

幼児には、私が調べた範囲では、いじめはないといってよいと思います。一方的に、痛みを与えようと意識して暴力を振るうことはないと思います。悪意に満ちた攻撃はないと思います。ただ、結果的にいじめといわれることはあります。力の強い子が、弱い子に対して、本人は自然に振舞っているのですが、弱い子にとっては、ちょっと押されるだけですぐに倒れてしまうことがあります。押した子は悪気はないのですが、押されて倒れてしまう子にとっては、いやな思いをいつも抱きます。これはひょっとするといじめと思われますが、いじめではなく、自分の行為自体についての認識ができていないことであると理解したほうがよいと思います。

いうまでもなく、いじめは悪い行為です。しかし、認識がまだできない子どもの行為は悪い行為というより、その行為をまだ理解できていない未発達による行為であると考えたほうがよいと思います。そうでないと、子どものすべての行為が悪い行為であると判定してしまう誤りを犯してしまうことになってしまいます。

兄弟喧嘩について

このことを兄弟喧嘩と比較して考えるとわかりやすいかもしれません。

幼児も兄弟喧嘩をします。お兄ちゃんが力が強いからといって、弟をいじめたとはいいません。そういう場合も中にはありますが普通は、兄弟喧嘩であることが多いです、なぜ兄弟喧嘩であっていじめではないといえるのでしょうか。それは、兄弟の間には信頼関係があり、普段は仲良く生活をしているからです。兄弟で食べ物を分けあったり、弟が外で誰かにやられているときにはお兄ちゃんが助けてくれるという関係にあるからです。いつも一方が、相手を嫌って接しているわけではありません。したがって、たまにお兄ちゃんが弟を叩いたりする場合でもそれをいじめとはいわないのです。

幼児の世界もこれと似ています。幼稚園で、ひとりが相手を叩いたりすることがあります。しかしたいていは、自分が使いたいおもちゃを先に使われたりして、自分の気に食わないことをされたりしたときに叩いたりするのです。この行為はよいとはいえません。自分が使いたいおもちゃが先に使われても、我慢をしたり、順番で使うことを学ばなければなりません。幼児はまだ、冷静に、我慢をして、順番に使うといったいわばルールを学んでいない場合があります。したがって、私たちは一見いじめに見える幼児の行為を、私たちが教えてあげるべき課題として受け止める必要があるのです。

幼児の行為でいじめにつながることはある？

今述べたように、幼児の、ほとんどのいじめと思われるような行為は、発達途上にある幼児に教えてあげることとして理解することであると考えればよいのです。しかし、教えないと、いじめに発展しかねないことも考慮しておく必要があります。例をとって考えましょう。

4歳のA君はクラスの友達をすぐに叩いてしまいます。自分の気に食わないことがあると、叩いたり、押してしまいます。乱暴な行為に周囲の何人かの子どもは怖くなって、幼稚園に行くことを渋るようになりました。A君のそばの席にいるB子ちゃんは特にそうでした。B子ちゃんの母親は、わが子がいじめられていると思って、担任に何とかして欲しいといってきました。

担任は、A君の乱暴な行為は前から注意をしてきましたが、一向に収まりません。担任は、主任や園長に相談しました。三者で話し合ったところ、どうも家庭に問題がありそうだとの認識で一致しました。そして、母親にA君の幼稚園での乱暴な行為について話し、家庭で何か気づくことがないかを聞きました。そこでわかったことは、父親がなにかと厳しく、すぐにA君を叩くということがわかりました。父親に叩かれるA君は欲求不満がたまって、自分の鬱憤を、クラスの友達にぶつけていたのでした。

A君は、特定の友達が嫌いで、嫌で叩いていたのではなかったのです。しかし、A君のこういう行為をほっておくと、もしかしたら、いずれ、いじめる子になってしまうことも考えておかなければなりません。そう考えた先生たちは、父親に、A君を叩かないように、と話しました。幸い、園の考え方を聞き入れてくれた父親だったので、その後のA君の生活を観察しました。思ったとおり、A君の乱暴な行為は徐々に消えていきました。

A君の行為をずっと放任していたら、いじめる子になってしまう危険性もあったと思います。これは、小中学生にも共通することだと思います。子どものいじめの行為の原因が家庭にあることをも知っておきたいものです。いじめの原因を探ってかかわって、指導することが問われるのです。

4. いじめの内容と方法

いじめの内容と方法について考えてみたいと思います。なぜその必要があるかというと、いじめられて死ぬ子どもがいるのに、いじめた方は、自分がやった行為がいじめだとは思わないことが存在するからです。

まず、「ふざけ」について考えてみましょう。いじめた側は、よく「ふざけてただけですよ」ということがあります。レスリングごっこをしていたとか、格闘技ごっこをしていただけです、といったりします。確かにそういう意識でふざける場合があります。しかし、彼らは弱いと思う相手にだけそういうふざけをするのです。力の強い方、また多数に立つ側はそれでいいかもしれませんが、痛い技をかけられる方はたまったものではありません。そして度を越すと、やる側は相手が痛いと思わなければやる意味がないとばかり、限界まで技を仕掛けます。このようにして周囲にもいじめと映らないように巧妙にいじめるのです。また、周囲もなんとなくいじめらしいと思っても、いじめる側が、ふざけだといってやる場合には、やめろといいにくいのです。

このような雰囲気では、「いじめがあるかどうか」と問われても、いじめがあるとはいいにくいのです。今いったように、最初は悪ふざけかもしれません。しかし、やる側はおもしろくなって、エスカレートするのです。そして相手が嫌だ、と強い調子で抵抗しないとみると、一層彼らはおもしろがって、自分たちの行為をいじめに発展させるのです。この行為が暴力、暴行、リンチに発展する危険性があることを私たちは知っておかなければなりません。

シカト

この言葉を、大人は使いません。子どもの世界では、無視という意味に用いるようです。ある子がなにをいってもなにをしても、聞かない、見ない振りをし、相手にしない行為です。よくいわれることですが、愛の反対は、憎しみではなく、無関心です。憎しみはまだ相手に対して関心をもっています。存在が認められている証拠です。したがって憎まれる側は、存在のつながりを感じることができるのです。しかし無関心は、存在それ自体が認められないことを意味します。そこに自分が人としていないとみなされるのです。

いないとみなされる人にとっては、つらくとても悲しい、寂しいことです。自分が何をしてもなにをいってもつながりがもてない、伝わらないことは、自分がいることに意味をもてないということになります。いてもいなくてもよい存在者とみなされているようなものです。人間は「他の人とのつながりや反応」があって人間として「存在している実感や意味」を感じる存在です。それが感じられない人にとっては、自分が生きている意味がわからなくなってしまう一大事件なのです。「シカト」はそういう意味、響きをもった行為であるということを知っておきたいものです。

言葉によるいじめ―悪口について―

「ばか、ちび、デブ、うざい、汚い、臭い、消えろ、死ね」等、悪口にはきりがありません。いう側は勝手に平気でいうのですが、いわれた方はかなり傷つきます。自分の欠点と思う点を突いてくる悪口は、自分の存在の薄さを指摘されるようなものです。いる意味がさほどない、むしろ邪魔になる存在だと思わされるようなものです。いわれる側にそのことを思い込ませることになるのです。まして、「消えろ、死ね」等という言葉は、死に追い込んでしまいかねない、最も悪い言葉であるといわなければなりません。殴った方はすぐ忘れますが、殴られた方は決して忘れないのと同様に、いった方は忘れますが、いわれた側は決して忘れないのです。そのことをよく知っておきたいものです。

もち物を隠す、盗む

相手のもち物を隠したり、盗んでしまって相手を困らせる行為があります。文房具を取ってしまって、勉強をできなくしてしまったり、試験を受けられなくしてしまうことがあります。そのために学校にこなくなってしまう子どもがいます。その子にとって学校に行けなくなってしまうことは、自分の存在がわからなくなってしまう程のことなのです。

物を隠したり、盗むことが相手にどのような苦痛を与えるかを知るべきでしょう。単に物ではないのです。いじめられる側が、普通に生活をしてよいかどうかの重要な問題なのです。

5. なぜ子どもたちはいじめるのか

なぜ子どもたちはいじめるのでしょうか。このことについて考えましょう。いじめの原因がある程度理解できればいじめに対する対策が引き出せるかもしれません。もちろんいじめの原因、背景はそう単純ではないと思います。しかしある程度はわかるはずです。その範囲でまず考えて対策を講じることはできます。私はいじめには個人的な原因と社会的な原因の2つに分けて考えてみることが必要であると思います。個人的な原因とは、いじめる個人に大きな原因があるとする立場です。社会的な原因とは、いじめの原因が社会全体にあるという立場です。

いじめは個人がする場合と、複数で行う場合があります。いずれにしてもいじめる個々人に何か原因があっていじめる行為に走ることが考えられます。

その個人的な内容について考えてみたいと思います。

人間の悪い性質、悪の問題―教育学者、ボルノウの人間観について―

これは人間としての根本的な性質にいじめの原因を見出す考えです。つまり人間の中に、人を攻撃し痛みを加えるような性質が潜在しているという考えです。よくいわれる「人間の性悪説」に立つ考えです。人間の性質は生まれながら悪いとする立場です。

確かに人間の心の中には悪い部分もあります。ひとりひとり自分の心の中を点検すればこのことはわかります。少し難しいことをいいますが、教育学者のドイツのボルノウという人は『実存哲学と教育学』（峰島昭雄訳、理想社、1966年）という本の中で次のようなことをいっています。人間の根本を指摘しているので少々長いのですが引用しましょう。

ボルノウは、ドイツの1920年代の新しい教育運動について「この教育運動において深く根をおろしていたものは、人間のうちにある根源的な善なる核心—人はそれをふたたび開発しさえすればよい—への信頼の念であった。それは自己自身の中心から、それに独特の法則にしたがって展開していくような、人間の内的能力に対する信頼であった。これにくらべて、一切の悪は、本来、外的な影響によってのみ生じたものであり、まさにそれゆえに、よりよき教育によって、ふたたび除去されうるものと思われた。その当時の運動の本質的な構成要素をなす、危険にさらされた青年への傾倒ということのうちにこそ、人間のうちなる根源的な善へかかるゆるぎなき信頼の念が、表明されている。」

このようにドイツの教育運動の人間観を分析し、ボルノウは自身の人間観について次のようにいっています。

「しかしながら、このような楽観的な人間観は、とかくするうちに、失われていってしまった。—中略—その結果、こんにちの教育者にとって、埋没の状態からふたたび開発さsれればよいというような、そして、内的法則にしたがっておのずから展開されていくような、人間のうちなるよき核心への信頼等は、なんとしても幻想と思われ、幻想にふけるのは、無責任とは言わないまでも、無思慮なこととされるにいたってしまった。本来悪魔的なあしき存在が人間のうちに、少なくとも人間のうちなる一つの可能性として、原則的にみとめられなければならなくなった。そして、このものが、まったく途方もない仕方で束縛から解放されてしまった後では、人間のうちなるよき能力をただ導いていけばよいのではなくて、そのかわりに、このあしき存在を、さしあたりなんとかして、外からはばまなければならないという、もっとさし迫った必要が生じたのであった。」といっています。

今、ボルノウの人間観を引用しました。彼は人間についての考え方をわれわれに提議しています。わが国の教育における人間観は、人間の可能性を信頼し、内的な可能性を開発すれば人間はよくなる、というものでした。しかし、ボルノウは、このような人間観はもはや正しくないというのです。人間の中には悪魔的なあしき存在がひとつの可能性として原則的に認められなければならないと主張するのです。この言葉を最初読んだときにはただちには私も認めることはできませんでした。しかし、ボルノウもいうように人間が犯してきた、第二次世界大戦や多くの戦争、紛争、大量殺戮やむごい殺人事件などを考えるとき、人間の中に潜む悪魔性のような存在を認めざるを得ないと考え直すように変わってきました。

人間は誰しも己の存在を正当化したいがゆえに、自分の中に悪魔性などという存在を認めたくはありません。この、認めたくないという考えの流れは、中世のキリスト教の原罪説に反発し、人間のよき性質をみてものごとを考えてきた近代の人間観に基づくものです。しかし、それではさまざまな残忍な出来事の原因を真に捉えることはできにくいのではないでしょうか。冷静に多くの無残な出来事の背景を直視し、その背景の底に人間の中に潜む悪魔性のようなものを認めなければならないでしょう。

いじめについて考えるときに、私たちは人間の中に潜在する悪魔的な要素をもみて対応することも必要ではないかと思うのです。

この考えについて、今読んでいる方は反論をかなり抱くことと思います。それはそれで仕方がありません。しかし、従来の楽観的な人間観を考え直すきっかけになればそれでよいと思います。人間性をここらで考えるときにきているのではないでしょうか。

さて、そこで人間が悪い性質をもっているからといって、すべての人がいじめをしているかというと、そのようなことはありません。

そうすると人間の中の悪い性質があってもいじめる人とそうでない人がいるということは、人間の中の悪い性質がすべていじめにつながるということはできない、ということになります。人間の性質がいじめにつながるという決定的な理由はないといわざるを得ません。そこで私たちは、いじめる人とそうでない人との違いがどこにあるのかを見極めなければなりません。そのことが問われているのです。

ストレス

勉強や宿題、部活動、学習塾、親の過管理下での強いられた、自由のない生活からくるストレスが原因でいじめに走るという考えがあります。この考えには一定の説得力がありそうです。誰しも自分だけが自由のない緊張の連続した生活では、その鬱憤を誰かにぶつけたくなってきます。その対象が自分より弱い動物であったり、クラスのメンバーだったりします。いや、人によっては物や壁や、草花に怒りをぶつける場合があります。いずれにしても自分以外のなにかに自分のストレスをぶつけたくなります。しかし、どうしてクラスのメンバーの弱い人に自分のストレスを発散させるためいじめに走るのでしょうか。ストレスを違った方向に向ける策はないのでしょうか。

先に述べた、人間としての悪い性質そのものがどうしていじめにつながるのか、それを防ぐ方法はないのかということと共にストレスをいじめにつなげないことを模索しなければなりません。

親の愛情不足

いじめる子は親が愛情をかけていないから、という人がいます。ほかの仲間は親から愛情を受け、なごやかに家族で暮らしているのに比べて、自分はどうしてこうも親から理解されず、いつも怒られているのか。こう思っている子どもは少なくありません。こういう子どもは、自分の不幸な生活を嘆き、幸せに生活している子どもをターゲットにしていじめるのです。

このことはよく考えれば理解できます。普通子どもは親の何気ない愛情を日々感じて暮らしています。親に甘えたい気持ちを抱きながら生活しています。家族団らんの暖かい雰囲気に包まれて笑いながら暮らします。この普通の生活ができなくなれば誰しも苛立ち、誰かに当たりたくなるのは理解できます。だからといって他人に当たってよいということにはなりません。ここでも、ではどうしたら解決するのか、その方策を探さなければならないのです。

もしかしたら、その親も幼少期に親の愛情を受けていなかったのかもしれません。そのことをも考慮に入れて考えることも必要になってきます。

劣等感

いじめる子には彼らなりの劣等感が潜在している場合があります。「成績が悪い」「運動能力が劣る」等さまざまな内容の劣等感を抱いている子どもがいます。彼らに対して周囲の子どもや教師、親までもがその子の批判をします。そうすると彼らは自分を防御するために、そういう批判をさせない行動に向かうのです。すなわち、批判する者に対して口封じをするのです。その方法としていじめに走るのです。

子どもの能力にはいろいろな面で差があります。ひとりひとりの能力を認めないと、認められない子どもは劣等感を抱き、暴力こそが自分の優れた力であるという錯覚を起こしていじめに向かうこともあります。自分のすぐれた腕力を誇示したいという欲求に駆られていじめに向かうのです。

この場合も、ひとりひとりの能力にはそれぞれ違いがあって、それぞれを認め合えればいじめにはそう簡単に向かわないと思うのですが、なぜそうなってしまうのかを探って解決をしなければならないと思います。

性格

いじめる子は、その子の性格がよくない、という人たちがいます。「短気だ」「我慢ができない」「すぐキレル」「わがままだ」「自分勝手だ」「威張りたい」などです。確かにいじめる子どものそういう性格によっていじめが起きることはあります。その子の生い立ちや生育歴によって性格が形成されていることを思うと、その子の性格によっていじめが発生することはあり得ます。しかし、それでよいというわけにはいきません。

今いったように、性格がわがままであるからといって、いじめてよいということにはなりません。性格からくるいじめに対しては、いじめる子どもに対して、きちんといけないことは、いけない、ということを教えていかなければなりません。形成された性格は指導することで変わっていきます。その方法は多様です。教師が教える場合もありますし、クラスの仲間が諭すこともあります。また、親に面接して親に変わってもらうことをとおして解決することもあります。

以上簡単に、いじめる原因として、個人に的を絞って考えてみました。私たちはいじめる子どもの心と行為に焦点を絞って、原因と対策を考えることが必要です。

いじめる人の個人以外の理由

そこで次に、いじめの社会的な原因、理由について考えたいと思います。いじめは今述べたように個人によって行われるものです。しかしいじめる当事者は確かに個人かもしれません。そこでよく考えてみたいと思います。個人がいじめるのですが、そのいじめには個人以外の要素、家族、地域、学校や社会的な、いじめを起こさせる背景が存在するのではないかという主張がなされます。

確かに個人をいじめに追いやってしまう社会的な背景は無視できません。個人はいつの間にか社会的な背景があって、その背景の中でやむを得ずにいじめにいつの間にか追いやられてしまうという考えです。

兄弟関係

兄弟の中で自分だけが、怒られたり、仕事をさせられたりすることがあります。ほかの兄弟が、勉強ができたりスポーツ能力が高かったりする場合に、親はその子どもを褒めます。兄弟関係で差別されたりすると、いじめに向かうことがあります。また、親と一緒になって兄弟も変な目で見てしまったりすることもあります。そうされる子どもは不満を抱き、学校で誰かをいじめてしまうことがあります。

家族関係

家族が仲良くてうまくいっている家庭は平和です。そこには問題はありません。しかし、家族の中に何か問題があると子どもたちの心も安定しません。祖父母と親がうまくいっていない場合や兄弟の誰かに問題があり、親がそのことで悩み、問題のない子どもに当たってしまったりすると、その子は暗くなってしまい、誰かにその不満をぶつけたくなって、いじめることがあります。

特に両親の仲が悪くなって喧嘩ばかりしていると子どもは心が不安定になってしまい、そのイライラをほかの誰かにぶつけたくなってしまいがちです。

また、一方的に父親が母親に暴力を振るう場合にも子どもは父親に対する恨みを抱き、しかも父親にはむかうことができない場合に、他人をいじめてしまうことがあります。このようないじめはもちろん、いじめる子どもがその行為を犯すのですが、その原因は家族の中にあるのです。個人の性格とか、気性とかいう問題ではないのです。原因は明らかに家族にあるのです。

学校内の人間関係

学校はひとつの小社会です。そこには子どもたちの複雑な人間関係が渦巻いています。嫌いな人、性格が合わない人、相性が合わない人等いろいろな人がいます。学校で生活をしている中で多様なぶつかり合いや争いが発生します。そこには口げんかや、取っ組み合い、殴り合いも起こります。そして陰湿ないじめもやってくることがあります。項目に分けて考えてみましょう。

クラス

クラスとは「ひとつのまとまり」という意味です。クラスは集団です。集団とは、単なる烏合の衆ではなく、一定の目標に向かって同じ時間、同じ空間に集まって生活する人たちのことです。しかし、最初から、クラスのメンバーに意思の疎通があるわけではありません。クラスで生活をする中で、個々人の性格やもち味を知っていきながら付き合い方を学んでいくのです。

子どもたちはクラスの仲間と共に学校生活を過ごす中で自分の位置と在り方を考え、決めて毎日を過ごします。

そうするうちに、それぞれの性格やものの考え方、特徴等がわかってきます。そしてお互いの相違についてわかってくると、特に自分と違う人とは話さなくなったりします。それだけならいいのですが、自分と合わない人を遠ざけようとする人が出てきます。このことがいじめの芽の発生です。最初はただ遠ざけて自分たちだけで集まって話し合っているのですが、その内、意識的に遠ざける行為が相手に向かうようになってきます。しかも相手に苦痛を与える行動に移っていくのです。

巧妙に、ほかの人にはわからないように結束していじめ行動に出るようにもなります。実はこのいじめ行動はお互いの違いからだけ発生するのではありません。ここが難しいのです。いじめる子どもが性格的に悪いとは限らないのです。むしろまじめな子であることがあります。周囲の子どもも同様な場合があります。それはどういうことかといいますと、クラスの目標に従わない人、合わない人を糾弾するということがあるということです。

たとえば、クラスの目標が、「一致団結」と掲げられた場合、おとなしくて、消極的な子がいてその子がどうしても、ひとりでいたい場合に、「一致団結」というクラスの目標に従わない子であるとレッテルを貼られます。その子にとっては、「一致団結」して同じことをすることが苦手なだけなのです。しかしクラスの目標にはそむいた子としてはじかれるのです。

ここで考えなければならないことはクラスの目標が一体どういう意味をもって掲げられたのかということです。目標はあくまで近づいていくものであって全員が同じテンポで近づくことはあり得ません。クラスの全員がそのことを知ったうえで生活をしていくことを共通認識することが必要です。そうでないとひとりひとりの個性、ものの考え方さえ否定されてしまいかねません。個々の違いを認め合ったうえで生活をする大切さを学び合っていくことこそが大切なのです。クラスでいじめが起こる根本的な問題がここにあります。違いを認め合うこと、考え方、性格、能力、趣味、風貌、家族等の違いをお互いに認め合うこと、そのことを学び、身につけることが学校生活では重要な教育内容だと思うのです。

クラブ活動

クラブ活動や部活動は、クラスや学年を超えた集団で活動がなされます。したがってその人間関係は横に広く縦に長い。その集団にはさまざまな人がいます。性格も、生い立ちも、家族構成も異なります。考え方や、好み、趣味も違います。まさに違った人が集まっている集団です。その中では、いろいろなことで違いが生じ、喧嘩や争いが起こります。その一連の関係の中でいじめに発展することもあります。

その集団の目的に合わない人や、従わない人は先輩や同級生からいじめの対象となることがあります。どのような理由で目的に合わないか、また、どのような理由で従わないかは、それぞれ違うと思います。しかし、どのような理由であれ、いじめに発展することは正しくありません。そのような場合には教師や先輩の指導が適切になされるべきであると思います。なんといってもクラブ活動、部活動は学校の中で行われる教育的な意味をもった活動なのです。みんなで話し合い、納得を目指しながら前に進むべき活動なのです。

いじめがクラブ活動などで起こるということは決して教育上許せることではありません。学校や教師は、学校で行われる活動は児童、生徒の人間としての成長につながるということを明確に意識し、活動を指導しなければなりません。

ほかにいじめは、先生との関係、塾での仲間関係等からも起こることが考えられますが、ここでは省略します。

日本独自の人間関係─封建的な上下の人間関係の名残─

いじめにはわが国の封建的な上下の人間関係が背後にあるという考え方があります。否応なく村の村長に従わなくてはならないとか、年上の人に何でも従わなくてはならないという慣習がかつては根強くありました。悪いことでも、従わないと罰を受けるといったようなことが国中に蔓延していた時代がありました。その名残がいまだに残っていて、正しいかどうかではなく、年上の人や、力のある人が決めたことに否応なく従わなくてはならないという悪い慣習が存在しているのです。

そして従わないと罰を受けたり、いじめられたりするのです。真に話し合って物事を決める、いわば民主的な土壌が正しく育っていないのです。事の内容ではなく、力のある人が決めたことに従わないといじめの対象になるのです。「長いものには巻かれろ」という言葉がまことしやかに闊歩しているのです。

少数の意見も尊重されるようにならないといじめは減りません。いじめはそういう意味でわが国の民主主義の内実の問題として存在しているのです。すべての人が人間として自分の考えを表現し、その考えが尊重されなければなりません。

しかしこのことは「言うは易く行うは難し」です。人の意見を尊重するためには、自分の考えをいったん脇においておいて、ほかの人の考えを落ち着いてよく聞かなければなりません。とかく人は自分の考えがあると、自分の考えに人を引っ張り込もうとします。これでは相手の考えを聞くことはできません。聞くためには、自分の心の落ち着き、余裕がないとできません。

こう考えてくると、いじめの問題は確かにわが国の封建的な人間関係が背景にあるものの、よく考えると、ひとりひとりの心の問題としても浮き上がってきます。

これらの問題から今問われていることは、人間として、民主的な社会作りを学校、地域、家庭から築き上げなければならないという根本的なことです。夫婦関係、男女関係、異年齢の関係、民族問題、差別問題としての根本問題なのです。

わが国、社会の根底的な在り方といじめとの関係

その一例としてアイヌの鷲谷サトさんを紹介しましょう。

鷲谷サトさんはアイヌの家に生まれました。そして小さい頃からアイヌだということでいじめられて生活をしてきました。つらくて悲しくて、鷲谷さんは自殺を何度も試みました。電車に飛び込もうとしましたがそれは未遂で終わったそうです。その後もつらい生活

を続けた鷲谷さんでしたが、あるとき転機が訪れました。それは、在日外国人の方々の民族舞踏を見たときでした。在日外国人の方々も日本にきて多様な苦しい生活を続けてきました。しかしその方たちの舞踏を見たとき鷲谷さんは心から感動したそうです。自分の民族の衣装を身につけ、民族舞踏を踊る方たちの顔には民族の誇りが溢れ輝いているように深く感じたのです。

鷲谷さんは、そのとき思ったそうです。「そうだ、在日外国人の方のように私もアイヌとしての誇りをもって生きよう。」と考えを新たにしたそうです。そして「私たちをいじめているシャモ（アイヌ語で和人＝日本人）の方が人間としてかわいそうだ」と思ったそうです。それ以降、鷲谷さんは死ぬことをやめて生き抜くことを考えたそうです。

鷲谷さんは「人権週間」の講演会に早稲田大学に呼ばれて講演をして、高く評価されました。また、私の家にもきて、地域の方にお話をして下さり、アイヌ料理を作ってご馳走をして下さいました。そのとき教えてくれた言葉の中に「アイヌ」という言葉がありました。「アイヌ」とは「人間」という意味だそうです。私の家でお話をしてくれたパンフレットの表紙には「アイヌ・ネノアン・アイヌ」と書かれていました。それは「人間らしい人間」という意味だそうです。なんとすばらしい言葉でしょうか。「人間らしい人間」であるアイヌの人たちを、私たちシャモは蔑視し、いじめや差別を繰り返してきたのです。

アメリカでは、インディアンの人たちをイギリスから渡ってきた人たちが蔑視して差別を繰り返した歴史があります。また、オーストラリアでは先住民族のアボリジニを差別視して弾圧した歴史があります。そのことに対して内容の詳細はわかりませんが、最近政府が謝罪をしたことが報道されていました。アフリカを侵略したヨーロッパの各国の歴史も私たちは学ばなければならないでしょう。そして世界から侵略や差別、いじめをなくす運動の流れに加わることを目指したいものです。

今鷲谷さんについて紹介しましたが、歴史の中には人に知られないでいじめにあった人たちが多く存在します。

6. いじめはなくなるか

いじめがなくなるかということについてはさまざまな議論がなされてきました。いじめはなくなるという人、なくならないという人、なくなると思いたいという人、なくせると思うという人たちが存在します。それぞれが自分の考えをもっていて、主張しています。簡単にいくつかの考えについてその主張内容をみましょう。

なくなるという人の考えについてまずみましょう。

なくなるというその理由について。いじめにはその原因があるので、その原因を消せばいじめは徐々に減ってなくなるという考えです。確かにいじめの撲滅運動を展開して急速に減って行った学校があります。いじめの原因を丹念に調べてその原因を消していけば時間はかかるが着実にいじめは減っていき、なくなる。これがなくなるという人たちの考えです。

それに反していじめはなくならない、という人たちの考えは次のようなものです。いじめに原因があることは認めます。しかし、いじめの原因はそう簡単には消せません。ひとつの原因を消せたとしても、新たな原因が発生してきて新しいいじめが起こるのです。こういう考えの人もいます。いわれてみると、いじめの原因は人間が生きていれば、人間関係の中から次々と生まれてきます。そうなるといじめは際限なく発生するのです。残念ながら、こう考えると、いじめがなくなることも考えにくくなります。

人間性の問題、性善説

「人間は生まれながら善である」、という人間の見方は「性善説」といわれます。前にも述べましたが、私たちが人間である以上、自分は善であると思いたいのは自然の感情です。思想家のルソーも「創造者の手を離れるとき、人間はよいものである」とその著『エミール』でいっています。中世以降、啓蒙時代になってから、人間の蒙（頭）を啓けば人間社会は進歩するという考え方が世界に広まりました。人間をこよなく善い存在と見て人類は近代を迎え今に至っています。

しかし、先に述べたボルノウにいわせれば、人類は無残な戦争を二度に渡って起こし、いくつもの残忍な殺戮を繰り返してきました。そのことを考えるとき、人間の性質が果たして生まれながら手放しで善いものであるといってよいのでしょうか。どうもそうはいいにくい。人間が善い存在であるとは誰しも思いたいが、現実の人間の姿は違います。そのことを認識しておかなければなりません。

性悪説

では人間は生まれながら、「悪い存在」なのでしょうか。この考え方は、誰しも認めたくはない、考え方です。人間をひとたび、悪い存在だと表してしまったら、この先希望も展望ももてなくなってしまいます。というより、人間はこれまで幾多の善いことをもしてきました。助け合って生きてきたし、人のために自分のいのちをも捨てた人も存在します。

一例を紹介しましょう。ナチスにつかまって牢に入れられた人たちがいました。ある夜ひとりのユダヤ人が脱走しかけました。しかし、脱走できなくてこっそり戻ってきました。ナチス兵は、その牢の全員を引っ張り出して並べてこういいました。「脱走しようとした者が名乗り出なかったら、全員を殺す。名乗り出なさい」と。誰も名乗り出ない、そのときコルベというカトリックの神父が「私です」といって前に出ました。コルベ神父は狭く暗い独房に入れられて、ろくな食事も与えられずに、ついには弱り果てて死んでしまいました。そのおかげで、その牢に収容されていた人たち全員のいのちは助かったのです。コルベ神父は、自分ひとりのいのちがほかの人のいのちを救う喜びを胸にしまって死んでいったということです。

ほかにもこのような例はあります。人間はこのように崇高な行為をも行うことができるのです。このような人のことを知ると、人間が生まれながら、悪だとは到底思えません。では、どう考えたらよいのでしょうか。

向善説

元慶応大学の教育学者である、村井実は、「向善説」という言葉を開陳しています。これは人間はみんな、「善くなりたい」と思っているという考え方です。つまり「善に向かう」性質を人間は誰しももち合わせている、という考え方です。人間が生まれながら善いとか悪いと考えるのではなく、「善くなりたい」という性質に着目して人間を捉えようという考え方です。

これは面白い考え方です。人間の性質の中には善への傾向もありますし悪への傾向もあります。両者が存在するのであれば「善くなりたいと思う性質」を大切にしましょう、という考え方です。

この「向善説」に立っていじめはなくなるか、ということに戻りましょう。

確かに、いじめがなくなると思う人はそう多くはいません。それほどいじめが現実に多様なかたちで発生しているからでしょう。しかも自分の周囲で実際にいじめが起きていることを考えると、いじめがそう簡単になくなるとはどうしても思えないのでしょう。子どもたち自身は、いじめをした体験やいじめられた体験もあり、また、いじめたい対象がいます。そのような現実的な事実を無視していじめがなくなるとは考えにくいのでしょう。

しかし、その現実のみに目を奪われているといじめはなくなりそうにもありません。そこで、今、紹介した「向善説」に立って、人間を捉え、お互いにいじめをなくそうとする努力をしたらどうでしょうか。根から悪い人はいない。人はみんな「善くなりたい」と思っているという人間観に立って出発したらどうでしょうか。

なくせると思いたい

いじめは確かになくならないが、なんとかしてなくしたいと思う人はかなりいるはずです。この人たちは、いじめはなくならないが、なくせると、心の中で思いたいのです。そう思わないといじめられて亡くなった人たちが浮かばれないと思うのでしょう。そして何とかしてなくそう、いや、なくせると思う、と考えるのです。

減らすことはできる

いじめはなくならないが、減らすことはできると考える人は存在します。この人たちは、いじめを何とかして減らそうと頑張る人たちです。自分の回りからはじめて、いじめが確実に減っていくことを目標として取り組んでいる人たちです。この減らす戦いはいうほど簡単ではないが、とても重要な行動だと思います。非人間的な行為であるいじめを減らす行為自体は、人間的で素晴らしい行為だと思います。なくならないとは思いつつも、いじめられて悲しい、つらい思いで過ごしている人たちを救う尊い行為です。

どうしたら減らせるか　東京の中学校の実践の紹介―東田中学校―

いじめを、どうしたら減らせるか。さまざまな学校での実践がなされていますが、そのひとつの実践を紹介しましょう。

ここで東京都杉並区立東田中学校のいじめをなくす教育実践を紹介しましょう。この実践は1年生担任の福田博行先生を中心とする先生たちの実践です。福田先生の『いじめない自分づくり　子どもの自己変革に挑んだ教育実践』（学陽書房、1997年）から紹介しましょう。

・ビデオ鑑賞、いじめの本読み

生徒たちは最初にビデオやお産前後の父親の気持ちを書いた手紙、いじめられて死を選んだ子どもの遺書を読みます。続いて『私のいじめられ日記』（土屋怜、土屋守著、青弓社、1993年）を読み感想文を書きます。その後いじめについてクラス討論をし、その感想文を書きます。紹介しましょう。

「僕はいじめは無くせると思います。理由は、いじめを無くそうと思っている人もいれば、いじめは無くせないと思っている人もいる。だからこそ、もし、いじめを無くせると思っている人が、少ない人数でも、努力してだんだんと仲間を増やしていけばいいと思う。」

「今日ディベートをやっていて、いじめをなくせない側の人が『絶対いじめは無くならない』と言っていたが、どうしてそう簡単に諦めてしまうのだろうか。なぜ、皆で努力しようとしないのか。いじめる人が多いからなのか。僕は、何で最初から諦めるのか、全然分からなかった。最初は一人や二人でもいいから、頑張っていじめを無くそうとクラス皆に言えば、絶対に皆は分かってくれると思う。だって、皆は悪い心だけじゃなく、良い心も持っているはずだ。だから、絶対分からないはずがない。もし分からない人がいたら、皆でその人を説得すればいいと思う。」
・討論による考えの深まり
討論をしていくうちに、いじめについて徐々に深く考えるようになっていきます。そして、「いじめない自分づくり」へと変わっていくのです。学年文集から拾ってみましょう。

「いじめてしまった人のなかでも、楽しんでいじめていて、反省も何もしてない人は、最低な人間かも知れない。けれど、いじめた人に本当に謝りたい人がいると思う。その人は、最高の人間ではないが、最低の人間ではないと思う」

このようにいじめる人について分析をする生徒も現れます。また、「今までにいじめに取り組んできて、最初は『何でこんなにいじめに取り組まなきゃいけないんだろう』と、少し不思議だったけれども、今思うといじめに取り組んでいて、とてもよかったと思います。それは、いままでにいじめられてきた人、いじめてしまった人と、それを見た人の気持ちが分かったし、私もそれを見た時、どうして止めようとしないで黙っていたのか、こうしてやればよかった等と、今までのことを振り返ってみることができました。」

この生徒は、いじめ問題に取り組んできてよかったと思えるようになったことを告白しています。

・さらにいじめに対して行動宣言する生徒も出てきます。

「私はいじめる人の気持ちも分かる。それが、余計つらい。いじめる人というのは、以前にいじめられたからいじめるとか、あいつのああいう所がむかつくとか、それぞれにいじめる理由はあるかもしれない。けれど、どんな人も決していじめてはならない。いじめる人には、それが分かってほしい。いじめられる人というのは、前から仲が悪くていじめられるとか、ほんのささいなことからいじめられたりとか。けれど、その人をかわいそがってはいけない。余計みじめになるから。助けてあげればいいのだ。私は、いじめを何年でも何十年でもかけても無くしていく。私がダメでも、私の後をついでくれる人がきっといる。だから、私は、それを信じて努力していく。」と宣言しています。

・そしてついにいじめを告白し、乗り越える加害者も出はじめたのです。

「僕は小学校の頃いじめてきたのかもしれない。自分では、ふざけていたかもしれないけれど、相手にとってはいじめだと思われているかもしれない。そんなことが、何回もあった。無視をしたり、殴ったり、けったり、上に乗っかったり、様々なことをしてきた。本当に今は、後悔しています。・・・すみません。『あれやれ、これやれ』と命令される人もいた。その時、僕もおもしろがって、その仲間に加わったこともあった。でも、それはいじめている人より、僕のほうが悪いと思った。なぜ、そこでやめろと言えなかったのだろう。それを言えたらその人は、楽しく学校生活もできたと思います。すみませんでした。今は、その人と同じ中学校で、ふざけあったり、遊んだり、楽しくやっています。仲がよくなり本当に良かったです。」

このように自分がいじめたことを後悔し、すみませんと謝ることができるようになるのです。そしてこのような教育実践から次のような素晴らしい言葉が生まれてくるのです。

「僕の眼には一人ひとりのいじめを無くしたいという文字がとても大きくみえました。そしてこの学年から、この学校から、この日本から、この地球から、この世から絶対にいじめをなくすのだという、すばらしい意見にとても感動しました。思わず涙が出そうでした。僕はこういうすばらしい意見を持った人たちと同じ学年であったことを、今、とても喜んでいます。ぜひこれからはこの人たちに協力したいと思います。そして皆で、この大きな目標に向かって頑張りたいと思います。」

以上、簡単に東田中学校のいじめの取り組みを紹介しました。この学校でもそうですが、いじめはそう簡単になくなりません。しかし、皆で話し合い、知恵を出し合って取り組む、そのこと自体に大きい意味があると思うのです。福田先生はいじめの取り組みは「生き方教育」であるといっています。そして先生は一方でいじめの教育と合わせて「いのちの教育」にも取り組んでいるのです。

7. いじめと、子どもたちのいのちのまとめ

「いじめ」と「いのち」についてこれまでにみてきました。遺書を残して自殺をした鹿川君、大河内君について紹介をし、いじめの内容をみました。ここで「いじめ」と「いのち」の総括をしたいと思います。

いのちはひとつ

人のいのちはいうまでもなく、この世に過去にも未来にもたったひとつです。「ひとりのいのちは地球よりも重い」とよくいわれます。あの貴重な宝石であるダイヤモンドは世界には数多くあります。取替えもききます。しかし人間のいのちはひとつであり、決して取替えはききません。それほど貴重な存在です。その貴重ないのちについて、簡単に生き返る、と考える子どもたちが存在することに危惧の念を抱かざるを得ません。

私たちはせっかくこの世に生まれたのです。この地球の美しさを味わうことができるいのちを大切にしなければなりません。同じいのちをもつ存在としてそれは私たち全員の務めです。

最後にもうひとりの遺書を紹介します。

「私はこんな世の中がつくづくいやになりました。だから死を選びます。お母さん今日まで育ててくれてありがとう。我がままでしたがごめんなさい。いとこの人達も親せきの人達もどうもありがとうございました。みんな長生きして下さい。どうしてこの世の中にいじめがあるのか私は不思議です。人の悪口より、じぶんのことも考えて下さい。この世の中にいじめがなくなりますように。

お母さん、みんなお元気で。さようなら。

（追伸）みんな人の気持ちが分かってほしかった。ひどい。」

私は人間か？

今、最後にひとりの子どもの遺書を紹介しました。この遺書を読み進むうちに私は、人間として問われていることを強く思わないではいられません。同じ時代、同じ国に生きている日本人として、いじめられて死んで行った子どもたちに対して、何もしてあげられなかった大人として、申し訳ないと思う気持ちに襲われるのです。いのちを大切にする教育の遅れに、大した強い主張をしていない、また叫んでいない大人のひとりとして情けない気持ちがこみあげてくるのです。私はこれからいじめに対して何をしたらよいのでしょうか。

大学でいじめの授業を20年ほど行ってきましたが、その成果を確認することはできません。もちろん私なりに問題意識をもち、大学人としてできることを考えてやってきたつもりです。いじめの問題は多角的に取り組むことをしなければなりません。子どもたちの優しい心を育てること、感性を育てること。集団で物事に取り組むこと、地域で大人が交流しあい、話し合う風土を作ることなど、多角的に取り組んでいかなければなりません。

学校教育はこれでよいか

先にも述べましたが、学校ではいのちの大切さを教えることが最優先されなければなりません。教育はそもそもひとりひとりが生きていくことの能力を育てるところです。生きていくためにはまずいのちがあることが前提です。社会の変化で学校教育の内容が変わることは一定程度仕方がないことですが、教育内容にいのちを守ることを基本的にすえることを考えてほしいものです。

このことを抜きに教育内容を考えてしまうと、ますます経済優先の教育が進められてしまいます。それでは本来の教育から離れてしまうことになります。教育はあくまでも「人格の完成」を目指して行われなければなりません。今こそ親も政治家も学校関係者もこのことを強く自覚しなければ、この国は物、金を追う亡者の国に成り下がってしまいます。人間が人間らしく住む国にするため、贅沢な暮らしができなくとも、いのちを大切にし、助け合って心豊かに生活する国に作り上げて行きたいと願います。

この国の子どもたちに、真の人間としての幸せを感じることのできる教育を推進したい。落ち着いてゆっくり大人がまずそのことを考える必要があります。私たち大人が、1回の人生を後悔することなく、心の中で「生きてきてよかった」と、そして、「子どもたちに顔向けができる人生だった」と思えるような生活をしていきたいと切に願います。

保育はこれでよいか

目を幼稚園や、保育所の保育に向けて考えたい。保育の世界ではまだいじめについてさほど議論はされてはいません。しかし、小学校へ行き、いじめにあったとき、どういう態度をとるか、そのことが先にも述べたようにひとりひとりに問われるのです。いじめがクラスにあったとき、観衆になって、そのいじめを見ている子どもたちがいます。止めないのです。また、傍観者となってしまい、まったくいじめに無関心になってしまう子もいます。これではいじめはなくなりません。そればかりか、かえってエスカレートすることになってしまいかねません。

そのような子どもたちにならないために幼少期から、仲間意識を育て、みんなで話し合って生活を作り上げることが必要です。過去に「話し合い保育」「伝え合い保育」という言葉で表される保育の在り方が語り合われ、実践されました。その保育の内容の詳しい議論はさておき、私は、集団を大切にし、ひとりの子どもの問題、課題を取り上げて、みんなで話し合い、解決する体験を積みかさね、解決する力を育てることはとても大切だと思います。

そのような保育がなされて小学校に行けば、いじめにつながるようなクラスの問題もみんなで話し合って解決していけると思います。学校では「生徒指導」の内容としてその実践がなされていますが、保育の世界でそのことがなされていないと、小学校では遅いのです。保育者ひとりひとりの意識改革と実践能力が問われます。

保育の世界では、子ども同士が縄跳びができない友達に飛び方を教えてあげる、泥ダンゴが作れない友達に作り方を教える等、できない仲間に手を貸して教えてあげる体験が欠かせません。フィンランドの子どもたちの国際的な成績がよい1つの理由は子どもたちが教え合っていることにあるという報告があります。よくいわれるように「1人はみんなのために、みんなは1人のために」という言葉の意味が深く理解されるような子どもに育てていきたい。そして何か起こったときには、みんなで話し合って一歩一歩前に進んで行きたい。保育に問われている内容は大きい。小さいときから今述べたような能力を育成することが重要です。

子育てはこれでよいか

教育、保育の世界でいじめをなくす努力をすることは大切です。しかし、このことは基本的には各家庭でなされるべきです。人間としてよいこと、悪いこと、人を殴ったり、蹴ったりすることはよくない、などのことは家庭で教えるべきです。現在は「正義」等という言葉は死語に近い。この「正義」について家庭できちんと小さい頃から教えることが重要です。見て見ないふりをしないで、悪いことをいましめ、正しいことを主張する心を育成しなければなりません。

子ども像が問われている

いじめについて、さまざまなことを述べてきました。そこで問われていることは、一体先生も保育者も、親も、子どもたちにどういう子ども、人間になってほしいと思っているか、という側面です。どういう人間になってほしいのかという問題は目指すべき姿としての「子ども像」という言葉で表現できます。どういう子どもたちになって欲しいかは、人によって異なります。人の生い立ち、境遇、価値観によって違ってきます。それはそれでよいでしょう。しかし、多くの人に共通する子どもとしての、また人間としての内容はないのでしょうか。

私は、「いのち」を大切にする心と、「愛」であると思っています。

生き方が問われている

「いじめ」と「いのち」について述べてきました。いじめられていのちをなくすことは絶対あってはいけないことです。このことはいじめられて自殺をした子どもたちのことが発表されたときには、議論され問題視されます。しかし、戦争についても同様ですが、いじめについては日常的に問題にし、考えながら、なくす努力をしなければなりません。そうでないといじめられて死ぬ子が後を絶ちません。それでは死んだ子どもは浮かばれません。そして私たちも人間として問われなければならないと思います。

学校教育、幼稚園、保育園での保育、そして家庭での子育てにおいても常にいじめは意識され、なくす努力が続けられなければなりません。先にも述べましたが、教育とは一体何かということが問われている問題です。というより、私たちがいじめにどう向かうのかという、いわば人間としてのひとりひとりが問われている問題であるといってよいでしょう。いい換えれば私たちの人間としての生き方が問われている問題です。なぜならば、先にも述べたようにいじめは「非人間」的な行為であり「人権問題」だからです。この人間にとって基本的に重要な問題に目をつぶるならば、私たちの人間としての存在性が問題視されます。それほどいじめは生き方の内容として重大問題なのです。

このことを深く考えて自らの生き方を直視する必要があります。先にいじめの定義を解説し、いじめは、人間の「差別行為」であるという見解について解説しました。差別は絶対人間としてしてはいけない行為です。自分が人間であり、というより人間になっていくために差別をみつめ、差別をなくす側に回る行動を取る者になって生きてもらいたいと思います。すべての人が不安や恐怖の思いをもつことなく、安心して普通に暮らせる社会を作っていかなければなりません。この行動はひとりひとりが人間になっていくプロセスをたどって歩いていく道なのです。今からそれぞれ自分が生活している場で何ができるかをよく考えて、人間になる道を歩みだしていただきたいと思います。

第4章　いのちを大切にする子どもにどう育てるか

1. 今までの章で述べたことの確認と大切さ

最後の章になりました。ここまで、「いのちを大切にする子どもは実際に育てられているか」「いのちとは何か」「いじめといのち」を取り上げていのちの問題を考えてきました。そこで最後に、「どのようにしたら、いのちを大切にする子どもに育つのか」を考えたいと思います。いわゆる「いのちの教育」についてです。しかし、その前に、いのちの教育の必要性と可能性、目的について考えましょう。

そこでまず、これまで述べた基本的なことを再確認したいと思います。

まず、この国の子育て、保育、教育は、いのちの大切さを教えることをさほど重視していない、ということを確認したいと思います。いうまでもなく、国全体、教育全体、大人、親全体が、いのちの大切さを認識しないところに、いのちの大切さを教える教育は、難しいと思わざるを得ません。

したがって、そもそも、私たちは本当にいのちは大切だと思っているのか、ということが、基本的に問われているのです。もし、大人がいのちは大切だと思っていないのであれば、保育、教育、子育ても、いのちの大切さを教えることはできません。まず、このことを深く考えなければなりません。

私たちは殺人事件が起きないかと心配し、事件を犯した犯人を批判することはあります。しかし、事件を起こさない人間を育てること、あるいは事件を起こさない社会を作ることを大人が目指さない限り、いのちを奪い、軽視する事件は後を絶たないのです。

人は誰も自分だけは死にたくない、と思って生活をしているのです。そのことは、ほかのどの人も思っているということを深く自覚して、いのちの大切さを教える努力をしなければなりません。この姿勢は、生きる目標ともなるし、安心して暮らせる地域、社会を生み出すことにもなるのです。また、この姿勢が国全体に広がれば、この国は真に豊かな国となるのです。国中でいのちを大切にし、助け合って暮らせる国こそ真に豊かな国なのです。そのために、大人も子どもも、いのちを大切にする人間となりたいものです。

2. いのちを大切にする教育の必要性と可能性

いのちの教育の必要性

かつては、いのちを大切にする心は、家庭や地域で自然に育てられたように思います。子どもたちは、大人が海でとった魚を、切ったり焼いたりするのを目の前で見たり、ニワトリや飼っていた小動物を殺して、煮たり焼いたりして食べることを通じて、いのちの大切さを身につけたように思います。また、野山や海で遊ぶ中で、動植物と触れ合いながら育てられたように思います。生きている蛇やイノシシ、サル、リス、カエル、トンボ、蝶々、魚などを見て不思議に思ったり、驚いたり、親しみを感じたりする中で、身につけたように思います。田宮仁が、「大地を踏みしめていた『いのち』には『いのちの教育』等不要だった」といっているように、いのちを大切にする心は、大地を踏みしめていた時代の子どもには大地が教えてくれていたのです。先に紹介した思想家であるルソーがいうように、「自然は最良の教師」なのです。

しかし、今では大地を踏みしめるような体験を身近ですることはできにくくなっています。したがって、家庭や地域でいのちと触れ合うことができないのであれば、学校で何とか教えなければならないと思います。学校はいのちを教える大切な役割を担うところだと思うのです。

そしていのちの大切さを教えるもう1つの理由は、すでに述べたことですが、最近の事件についてどうしても考えざるを得ないからです。

最近の殺傷事件は、相手は誰でもよい、という特徴があるように見受けられます。憎い相手ではなく、通りすがりの見知らぬ人を殺す事件は、いのち軽視の教育のつけと思わざるを得ません。「数は多くないから、問題にしなくてよい」、という人がいたら、それは間違っています。

恨む人や、憎い人を殺すことも、もちろん悪いことです。しかし、憎くもない人を殺す殺人は、人のいのちを何とも思わないという、いのち軽視の考えや社会の風潮に基づくものだといわざるを得ません。ここに、今日いのちの教育を行う大きな1つの理由があるのです。

このことを押さえたうえで、なお、教育の基本的な在り方として、第2章でも言及したように、教育は本来いのちを大切にすることを教えなければなりません。

先の田宮は、私と同様に戦後の教育を批判して次のようにいいます。

「『いのちの教育』の必要性を生んだ責任の一端は、教育そのものにあることは間違いないはずである。皮肉に言い換えれば、戦後の教育、家庭・学校・社会を含めて総合的な教育の成果の一つが『いのちの教育』の必要性を生み出したと言っては過言でしょうか。」

まさに戦後の、というより、明治以降のわが国のこれまでの教育の在り方を批判している言葉として解釈すべきでしょう。彼はさらに「教育はすべて『いのちの教育』に繋がると言っても過言ではないはずである」といい切っています。まったく同感です。

いのちの教育の可能性

まず、いのちの教育は不要だという人がいたならば、その人に、子どもたちはこのままでよいのですか、と問いたいです。また、いのちの教育は不可能だという人がいたら、その人にも聞きたいです。あなたは、どこで、どのようにして、いのちの大切さを教える実践をしてそういう結論に達したのですか、と。また、実践したとしたら全国各地で実践されている内容をどの程度学んだうえで実践したのですか、とも問いたいです。

私は、いのちの大切さを教える教育は、これからもっと緻密に、実践を積み重ね、その実践を交流し合えば、かなり可能性は高くなると信じています。いのちの教育の可能性がない、あるいは低い、と主張する人たちは、どちらかというと、自然の中での体験ができにくい、あるいは社会状況が悪い、と考える人たちではないかと推測しています。もし、そのように考えるのであれば、なおさら、いのちの教育を進めなければならないと思うのです。諦めてはいけません。

3. いのちを大切にしなくなった背景

いのちの大切さを教える教育を考えるにあたって、いのちを大切にしなくなった背景を考えたいと思います。

地球と人類の現状―自然と共に生きているか―

人類は、いうまでもなく、自然の中で生きてきました。否、生かされてきました。太陽、空気、雲、雨、風、海、川、水、土、木や草や海藻、貝、植物、虫、鳥やさまざまな動物等、多くの種類の自然に私たちは生かされてきました。このことを私たちは立ち止まって深く内省しなければなりません。しかし、人間はこれまで、自然をわが物顔で利用し、今や、自然の生態系を破壊しつつあるのです。自分を生かしてくれた恩ある自然を壊し、自然に病をもたらしたといってもよいと思います。先に、「すべての存在にはいのちが貫徹している」という考え方を紹介しました。いのちの元である自然を壊しては、いのちの息を吹き出してくれる自然から、いのちをいただき、いのちを吸い込み、感じ取ることができなくなってしまいます。これでは、私たちを生かしてくれるいのちの元を失ってしまうことになってしまい、私たちは生き延びていくことができなくなってしまいます。

いのちが満ち満ちている自然を破壊して、私たちのいのちが保てるわけがありません。したがって私たちは自然を大切にし、自然と共に生きることを真剣に考えなければなりません。

自然と共に生き、自然と共に死ぬ

今述べたように、私たち人間は、自然なしに生きることはできません。再度いいますが、私たちは、自然に生かされているのです。このことを知ったうえで、自然と共に生きることを深く認識しなければなりません。このことは現在では知識としては、広がりつつあるようです。しかし、実態としては、いまだに自然軽視のままのように思えます。世界共通に自然を大切にする動きは遅いといってよいと思います。

これから、もっと、自然の大切さを訴えていかないと、人類の先はないといわなければならないでしょう。そういう意味では、私たちは本当の意味で、自然と共に生きることを真剣に考え、行動しなければならないのです。

それから、もう1つ、かなり難しい考えかたですが、「自然と共に生き共に死ぬ」ということを、お互いに考えたいと思います。

このことを実際の例を紹介して考えましょう。

北極に行って北極熊の写真を撮り続けてきた星野道夫という動物写真家がいました。彼は、あるとき、熊に襲われ、食われてしまいました。彼の考え方を京都大学の教育学者の西平直の言葉を要約して説明することにします。

1996年8月8日動物写真家、星野道夫氏がロシア領カムチャッカでヒグマに襲われました。この事実について西平は思索を巡らします。

「星野さんは抵抗したに違いない。星野さんは、身を守るために、あらん限りの力で戦ったに違いない。でも、どこかの地点で、その出来事を『受け入れた』のではないか。抗うことをやめたのではないか。むしろ、自然の摂理の中に、我が身を明け渡したのではないか。」

西平は、星野さんは、ヒグマに襲われたことを、受け入れたのではないか、といっています。そして西平は続けて、星野さんの言葉を紹介しています。星野さんはそれまでにアラスカ人の友人のことばを書きとめていたようです。

「追い詰められたカリブーが、もう逃げられないとわかったとき、まるで死を受容するかのように諦めてしまうことがあるんだ。あいつらは自分の生命がひとつの繋ぎに過ぎないことを知っているような気がする。」「一頭のカリブーの死は大きな意味を持たない。それは生え変わる爪のように、再度大地から生まれてくる。・・・・。個の死が淡々として、大げさではない。それは、生命の軽さとは違うのだろう。きっと、それこそがより大地に根ざした存在の証なのかも知れない。」

この星野さんの言葉について西平は次のように解説しています。「我が身を守る。必死に抵抗し、必死に逃げる。でも、どこかの地点で、自然に在るものは『我が身』を明け渡してしまうのではないか。『私のいのち』にこだわらなくなる。もっと深い、いのちの繋がりに入ってしまう。私ひとりの生死等、問題ではなくなる。いのちの繋がりの方が、よりリアルになる。そして、もしそれを『個を超える』という意味で、トランスパーソナル（筆者解説―個を超えた存在）と呼んでみれば、星野さんは、ある地点でトランスパーソナルの領域に入ったのではないか。」

西平はさらに解説します。「自分のいのちがここまで長らえたのは、ほかの生命を喰らってのこと。自分のいのちがあるのは、いくつもの死があってのこと。ほかのいのちが死ぬことなしには、自分のいのちが成り立たない。」こういって、さらに星野さんの言葉を引用します。「人間はクジラに向かってもりを投げ、クジラはサケをのみこみ、サケはニシンをのみこむ。—生まれ変わってゆく、いのちたち。オオカミはカリブーをおそい、カリブーはコケモモの実をついばみ、フクロウは鳥たちのヒナをおそい、鳥たちは小さな虫を食べる。—生まれ変わってゆく、いのちたち。」

そして西平はいいます。「その自分が、今度はほかのいのちに食われてゆく。そうであれば、ある地点から、ヒグマは敵でなくなったのではないか。深いいのちの繋がりの中に我が身を明け渡したものにとって、ヒグマは敵ではなく、いのちのバトンを手渡す相手ではなかったのではないか。そして、それこそ、アラスカの自然と共に、星野さんが私たちに伝えてくれたことではなかったか。」

西平は、星野さんを食ったヒグマは、星野さんのいのちのバトンを渡す相手ではないか、といっています。ヒグマの中に星野さんのいのちが渡された、というのです。人間も自然の一部であり、人間は自然のいのちをいただきながら、ほかの動物と共に生き、ほかの動物と同じように生き、死に、いのちをバトンタッチする存在である、ということを星野さんの死は私たちに教えているように思います。

この、ほかの動物と共に生き、共に死ぬということを、著名な宗教学者の山折哲雄は、「人間は自然と共に生き、自然と共に死ぬこと」を考えなければならないといって、次のように述懐しています。

「われわれの社会はこの共生ということをいい出してもう二十年か三十年、時間が経過しています。このごろ、私は、『共生』という声を聞いていると、そして自分自身も一緒になって『共生』といっていますと、『おれは生きたい』といっている自分に気づくようになりました。それが『生きたい』、『生きたい』と叫んでいるエゴイズムの大合唱に聞こえてくるようになりました。しかしほんとうは、共に生きるものたちは、やがて共に死んで行く運命にあるのではないでしょうか。共生という言葉がほんとうに力ある意味を持つためには、同時に『共死』ということを自覚しなければならない。『共に生きるものは、共に死んでいくのだよ』という心のメッセージがどうしても必要になってくるのではないかと思うようになったのです。それは、『共生共死』というとらえ方です。『共生イコール共死』だという捉えかたであります。『共生と共死』という言い方が本質的に大切ではないかということです。あるいは、『共生から共死へ』と言ってもよいでしょう。そういう幅のある、膨らみのある生と死の問題を考えていかなければならないでしょう。今、そういう時代にきているのではないかと思います。」

私たちには、「共生」は理解できても、「共死」はまだ理解できにくいかもしれません。しかし「共生と共死」という考え方があるということは知っておきたいと思います。そして、やはり山折がいう、共に生きるということは、自分が生きるという、自己中心の考えではなく、ほかのいのちと「共に生き共に死ぬ」ということであることをじっくり考えたいと思います。これは、私たちの存在の根源に迫る考え方です。

こういう考え方に人間が方向を変えることによって、いのちを自然に見つめ、いのちが終わるときを微笑んで受け入れられるようになるのではないでしょうか。こういう考えをもつことによって、いのちをむしろ大切にする人類が生まれてくるのではないでしょうか。

人間の近代化には良い面も多くあります。しかし、ここで立ち止まってその中の錯覚の一側面を考えたいと思います。

その1つが、延命の問題です。人間は、はるか昔、エジプト文明の頃から、死者を後世に残したいと考えて、ミイラを作ったりしました。長寿の薬を探し求めたり、延命のさまざまな試みを執拗に行ってきました。現在においては、医学の懸命な努力で死を食い止める努力をしてきました。それ自体はよいことです。

しかし、医学が進歩して、いのちが延びたとしても、せいぜい数十年でしかないのです。私たちは、死が敵であるかのような考えの医学を再考しなければならないでしょう。

いのちを大切にするということは、単に長く生きることではないのです。いのちをよりよく生きること自体が重要なのです。思想家のルソーは、「生きること、それは呼吸することではない。活動することだ。私たちの器官、感官、能力を、私たちに存在感をあたえる体のあらゆる部分を用いることだ。最も長生きした人とは、最も多くの歳月を生きた人ではなく、最もよく人生を体験した人だ」といっています。単に長く生きることが大切なのではなく、「最も人生をよく体験することだ」、といっているのです。ソクラテスも、「単に生きることではなく、よりよく生きることが大切だ」といっています。いのちを大切にするということは、長く生きることだけを大切にするのではなく、生きている間の内容を大切にするということでしょう。医者である日野原重明は、「いのちとは使う時間のことだ」といっています。わかりにくい言葉ですが、よく考えてみるとうなずけます。いのちとは、そのいのちに盛り込む中身だということなのです。生きている時間をどのように使い、何を盛り込むのか、自分の時間に何を描くのか、ということなのです。単なる時間ではなく、自分の時間をどのように使うのかということなのです。いい換えると、どのように生きるのかということでしょう。いのちとは、どのように生きるかという、内容をいうのです。

私たち現代人は、生き延びる時間のみを意識してきましたが、どんなに短く生きようとも、自分がよりよく生きれば短さは問題になりません。私たちは、いのちを生きる内容の視点で考えなおすべきでしょう。

量より質なのです。長く生きることより、質的に生きることを目指すべきでしょう。よくいうＱＯＬ（クオリティー・オブ・ライフ　生きる質）を目指すべきでしょう。錯覚をしてはいけないのです。自分だけが長く生きようとする、さもしい人間の錯覚から、お互いのいのちをいたわり合い、大切にし合うという考えに転じなければならないのです。

4.「いのちの教育」をめぐる言葉について

「死への準備教育」

いのちの大切さを子どもに教える教育を何と呼ぶべきかは、人によって異なります。最初にこの問題をわが国で取り上げた、先に紹介したデーケンは、「死への準備教育」と呼びました。この言葉の元は「デス・エデュケーション」という英語です。これを訳すと「死の教育」となります。しかし、「死の教育」では、内容がわかりにくいので、「死への準備教育」と呼んだのでしょう。デーケンはほかに「死への準備教育―よりよき人生のために」という表現もしています。彼は「この世に生を享けた以上、誰でもいつかは必ず死を迎えます。自分自身の死と愛する人の死に直面するときに備える『死への準備教育』―デス・エデュケーション（death education）―は、決して暗い思考ではありません。それは同時に人生の有限性を知り、この世で自分に与えられた時間を、いかによりよく生きるかを考えるライフ・エデュケーション（life education）にほかならないのです。」ともいっています。

「死への準備教育」という名称で彼が大切にしていることは、人間はいつかは死ぬのだから、そのことを考えて、「よりよく生きること」を考えよう、ということなのです。死に対していろいろ準備をしましょう、ということではないのです。

「生と死の教育」

この言葉は、人間ひとりひとりの死を考えることによって、生きることを考えようという趣旨で名づけられた言葉です。私たちは自分の死を考えるときに、生きている尊さを感じます。死を想うときに、生き方を考えるようになります。「生きること」と「死ぬこと」を関連づけて考えたいために、「生」と「死」をくっつけて「生と死の教育」と呼んでいるのです。

「いのちの教育」

人間のいのちは生きて、死にます。いのちが生きて、死ぬのだから、いのちが「生きることと死ぬこと」を含めて「いのちの教育」といえばよい、という人たちの表現です。

ただ、「いのちの教育」という表現では、いのちのなにを教育するのかがわかりにくい、という人たちもいます。

以上さまざまな表現についてみてきましたが、私は「生と死の教育」という表現が内容を比較的わかりやすく表現していると思います。

5. 「生と死の教育」の目的と内容

子どもたちに、「生と死の教育」で何を目的にして教えるのかを考えなければなりません。そのことが明確でないと、人々に訴える力にはなりにくいのです。現実の教育の流れの中で、「生と死の教育」を実践してもらうためにこの作業は不可欠です。

そこで、この教育に実際に取り組んでいる人の考えをまず紹介しましょう。

先に紹介したデーケンは「死への準備教育」の15の目標を掲げているので、最初に紹介しておきましょう。

① 「死へのプロセス、ならびに死にゆく患者の抱える多様な問題とニーズについての理解を促すことである。そうすることによって、私達は人生最後の段階にある患者に対し、よりよい援助を提供出来るようになる。」

② 「生涯を通じて自分自身の死を準備し、自分だけのかけがえのない死を全う出来るように、死についてのより深い思索を促すことである。」

③「悲嘆教育（グリーフ・エデュケーション）である。身近な人の死に続いて体験される悲嘆のプロセスとその難しさ、落とし穴、そして立ち直りに至るまでの十二段階について理解することを目指す。」

④「極端な死への恐怖を和らげ、無用の心理的負担を取り除くことである。」

⑤「死にまつわるタブーを取り除くことである。それによって、死という重要な問題について自由に考え、また話すことが出来るようになり、死に結びついた情緒的問題の解決も可能となる。」

⑥「自殺を考えている人の心理について理解を深めること、また、いかにして自殺を予防するかを教えることである。」

⑦「告知と末期癌患者の知る権利についての認識を徹底させることである。この目標は、末期患者とのコミュニケーションの問題と深く関連している。」

⑧「死と死へのプロセスをめぐる倫理的な問題への認識を促すことである（例として、植物人間、人工的な延命、消極的・積極的安楽死等が挙げられる。）」

⑨「医学と法律に関わる諸問題についての理解を深めることである（例として、死の定義と死の判定、脳死、臓器移植、医学研究のための献体、腎臓の遺贈、アイ・バンク、

遺言の作成、死後の家族援助等が挙げられる。）」

⑩「葬儀の役割について理解を深め、自身の葬儀の方法を選択して準備するための助けとすることである。」

⑪「時間の貴重さを発見し、人間の創造的次元を刺激し、価値観の見直しと再評価を促すことである。」

⑫「死の芸術（アルス・モリエンディ）を積極的に習得させ、第三の人生を豊かなものとすることである。」

⑬「個人的な死の哲学の探究である。その目指すところは、文化的・教育的背景によって制約された死に関する社会的・心理的・イデオロギー的固定観念から人間を解放し、各人が死について自分なりの個性的な理解を自由に選び取ることが出来るよう積極的に援助することである。」

⑭「宗教における死の様々な解釈を探ることである。その際、生きがいと死にがいの相互関係についても考察する。」

⑮「死後の生命の可能性について積極的に考察するよう促すことである。その際根元的希望が現在の生活に占める重要な役割を理解する。」

以上はデーケンの「生と死への準備教育」の15の目標です。ひとつひとつの内容は少し難しいようにも感じられますが、よく考え抜かれた内容であり、どれも欠かすことができないと思います。

次に、近藤卓の「いのちの教育の目的」についての考えをみましょう。

近藤は「いのちの教育の目的」について次のようにいっています。「いのちの教育の目的は、自分のいのちはかけがえなく大切なもので、自分は無条件に生きてよいのだ、と子ども自身が確認できるようにすることです。あらゆる生命をもった個体が同じように大切だ、ということを教えることではありません。」

ここで確認できることは、自分は無条件に生きていてよいのだ、と子どもが確認できるようにすること、ということです。このこと自体の内容はとても重要です。

もうひとつ確認しておきたいことは、いのちの教育は、「あらゆる生命を持った個体が同じように大切だ、と教えることではない」、ということです。このように考えることもよいでしょう。しかし、このように考えることで、子どもにいのちの大切さを本当に教えることができるのかは、疑問です。人間のいのちのみが大切だという考え方で、はたして子どもに真にいのちの大切さを教えることができるものなのでしょうか。

また近藤は次のようにもいっています。「本当に自分自身のいのちが大切だと思えると、他者を傷つけたりすることもありません。他者を傷つけるという行為によって、自分の心を傷つけてしまうからです。自分のいのちはなによりも大切だと思えるように子どもを育てることは、だから、自分勝手で自己中心的な思いやりのない子を育てることにはならないのです。自分のいのちがかけがえなく大切なものだということは、いい換えれば自分は無条件に生きてよいのだということです。かけがえなく大切なものは、当然そこに存在し続けるべきだからです。

このように、子どもが自分自身を無条件に受け入れられるとき、そこには基本的自尊感情と呼ぶべき心の働きが機能していると考えられます。つまり基本的自尊感情とは、『基本的、無条件に自分を大切に思え、自身を尊重する感情』ということです。

だから、『いのちの教育は基本的自尊感情を育む教育である』と定義することもできます。」

このように近藤は、いのちの教育を「自尊感情を育む教育である」と定義しています。

しかし、私はここで若干の疑問を抱いてしまいます。自尊感情を育てる教育は道徳教育や他の教育の領域でできるのではないか、という疑問です。いのちの教育というからには、人間のいのちを課題にしたいのです。

しかし、近藤自身は、人生において出会うあらゆる事柄が「いのち」に含まれるという考え方なので、その考え方との関係で「自尊感情を育てる教育」を理解しなければならないのでしょう。

次に「生と死の教育」の内容について考えましょう。

「生と死の教育」の内容はその目的によって異なってくるでしょう。したがっていろいろな人の「生と死の教育」の目的との関係で、教育内容を考えるべきでしょう。しかし、それを論じる余裕はありませんし、それ自体を細かく論じることがここでの目的ではないので、その作業はここではしません。ここではとても参考になる、近藤の教育内容を紹介することにとどめましょう。

近藤は、いのちの教育内容として、植物や動物等を含む、あらゆる生命体が存在する奇跡やかけがえのなさ、誕生や出産、老化や障害、病気、そして死等をまずあげています。そしていのちの教育を広く捉えた場合には、あらゆる人生のいとなみ、人間関係、家庭生活、学校生活、社会生活で出会う、すべての事柄が内容となる、といっています。

近藤がいうように、人間の存在はいのちと共にあり、生きている中でのすべての事柄、そして死も、いのちの教育内容になるのでしょう。この考え方に同感です。

私自身は先にいったように「生と死の教育」といっています。その教育の中で何を内容と考えているかは、簡単に整理すると次のとおりです。
① 人間が生まれることについて
人間が生まれるまでの経過や、親の、胎内の子どもへの配慮等を伝えることからはじまり、お産のこと等を話してあげることが必要だと思います。「人間が生まれる」ことを話すことによって、子どもたちに「あなたは、この地球に一人しかいない」ということを感じてもらうことが大切だと思います。
② 人間が生きることについて
人間が生きるということは、一体どういうことなのか。このことをみんなで話し合ったり、考えたりすることは大切だと思います。そして、生きている中には、いろいろなことが起きてくることを調べ合って話し合いたい。

うれしいこと、感動すること、悲しいこと、つらいこと、病気、老いること、事故、自然災害、むごい戦争、殺し合い、いじめ、自殺等です。生きている中では、人間には多くのことが起きてくることを知って、調べ、考え、話し合いたいのです。

③　死について

人間は誰でも必ず死ぬことを知って、みんなで考え、調べ、話し合いたい。「生と死の教育」がほかの教育内容と異なる一番の特徴は、死について考えることです。ほかの内容は多様な科目の中で学ぶことができるのです。私たち人間は先のことを予測する能力を授かっています。この能力を用いて、誰にもまだやって来てはいない、死について共に学びたい。

繰り返しになりますが、私たちは、事故に遭ったり、予想もしなかった病気に襲われることもあるのです。一生病院で暮らし、いつ死がやってくるか怯えて暮らすこともあり得るのです。そういうことのために、死について学ぶことは大切だと思います。そういう意味では、確かに「生と死の教育」は死への準備教育的な側面をもっていると思います。宗教をもつとか、そういう意味ではなく、ひとりひとりが、自分で納得して死を迎えることができたら、いたずらに、恐怖感に襲われることもなく、安心して生活できるのではないでしょうか。

望めません。

6.「生と死の教育」の方法

「生と死の教育」の目的や内容がわかっていても、方法がわからなくては、その効果は望めません。

大切な親の生き方

子どもが、いのちを大切にし、先に掲げた内容を理解するためには、まず、親の存在が基本的に重要です。いくら学校でさまざまな教育をほどこしても、親の影響にはかなわないと思います。教育の神様ともいわれる、ペスタロッチーというスイスの教育家は『白鳥の歌』という本の中で「生活が陶冶（教育）する」といっています。生活の中でこそ子どもたちは親の毎日の言葉や行為を聞いたり見たりして、多様なことを学びとるのです。親の考え方、価値観、親が何を大切にして、何を思って生きているのかを、見聞きして身につけるのです。親の感情、喜び、悲しみ、感動、苦しみ、息づかいを毎日感じ取ることによって、子どもたちは、生きること、人間としての在り方を感じ取るのです。生活をとおして人間の、いのちの営みを着実に自分の中に取り込むのです。この学びは根強く、学び取った内容は、子どもの人間性の中に着実に沈潜するのです。
したがって、親が普段何を考えて暮らしているのかは、とても大切なのです。いくつかのことを考えてみましょう。

親の価値観―いのちをどう考えるか―

私たち、そして親は、一体いのちをどう考えて生きているのでしょうか。いや、いのちについて普段、考えて生きているのでしょうか。誤解を恐れずにいうならば、私には、親がいのちについて考えて生きているとはどうも思えません。多くの親は、生まれたから生きている。生物的に心臓が動いているので、当たり前のこととして生きている、という意識しかないのではないでしょうか。改めて、いのちについて考えて生きている人がどれだけいるのでしょうか。

私たちは、自分や身近な人に、「いのちにかかわること」が何か起きないと、いのちについて考えないのではないでしょうか。したがって、そういう親のもとで暮らしている子どもが、いのちについて何かを取り立てて学ぶことは、そうないのではないでしょうか。

そうはいうものの、親が一生懸命に毎日働き、疲れていても子どものために世話をしてくれる、その姿から子どもがいのちの響きを感じ取ることはもちろんあります。一生懸命に頑張って生きている親の姿から、生きて毎日働いている親の中に、見えないいのちを感じ取ることはあります。いのちの息吹のような気配を子どもは感じ取ることがあります。そういう意味では、親のものの考え方だけが子どもにいのちを教えるのではありません。誠実に、一生懸命に生きる姿自体が、いのちを伝えることがあるということを知っておきたいです。そこで、今述べたことを踏まえたうえで、親の考え方を問題にしたいと思います。

たとえば、親が学校をどう考えるか、成績をどう考えるか、心をどう考えるか、働くことをどう考えるか、生きることをどう考えるか。これらは、有形無形に子どもににじわじわと、染み通っていくことでしょう。

子どもたちは、親のこれらの考え方によって、自分の中のいのちを元気づけたり、しぼませたりするのでしょう。これまでのところではいいませんでしたが、私は、いのちは「はずむもの」であると表現したいのです。体がはずんで活き活きする。人との関係が上手くいって人間関係も、会話もはずむ。悩みもたいしてなくて、心もはずむ。いのちは、このように「はずむ」ものなのです。

ところが親の考え方次第では、いろいろな面で子どもは、はずむことができなくなってしまうのです。このことを親は認識しておかなくてはなりません。成績のことで子どもをなじったり、バカにしたりすると、その子は、元気をなくしてしまって、何もやる気を失ってしぼんでしまうことがあります。いや、親に暴力を振るう子になってしまうことさえあるのです。

一例をあげましょう。

15年以上前のことです。幼稚園の年長の6歳の男の子の母親が、その子のことで、相談に行きました。家で母親に灰皿や物をぶつけるようになり、窓ガラスを割ってしまうようになってしまった、とのことでした。聞くと、その子は週に学習塾、おけいこごと、習い事を5つやっているとのことです。「いつ遊ぶんですか？」と聞くと「塾に行く前に遊んでいます」ということでした。これで6歳の子が遊んでいるといえるのでしょうか。

その子はストレスがたまって母親に「助けて」、というサインを出していたと思うのです。確かに、わが子になにかを身につけさせたいと思うのは、親心としてわからなくもありません。しかし、子どもの気持ちを考えてあげなければなりません。遊びをさせてあげない親心は、親の身勝手であって、子どものことを考えている親とは到底思えません。最近『誰でもいいから殺したかった 追いつめられた青少年の心理』（碓井真史、ベストセラーズ、２００８年）という本を読んで感じたことは、やはり、誰でもよいから殺したいという人の中には、親の一方的な考えを、押しつけられて育った人がいるということです。小さい頃から、勉強を強いられて、兄弟と成績を比較されて育った子どもの中に、誰でもいいから殺したかった、という人がいるのは、わからなくもありません。

子どもはひとりひとり違うのです。勉強の好きな子どももいます。嫌いな子どももいます。しかし、それぞれ、違ったもち味をもっています。そのもち味を認めて手助けをしてあげるのが親の務めだと思うのです。

親子の関係

子どもが自分を大切にすることは、親に大切にされることによって可能になるのです。親に大切にされず、自分を大切にできない子は、ほかの人、ほかの人のいのちを大切にすることはできにくいと思います。いのちを大切にする子どもになってもらうためには、親に大切にしてもらうことが必要です。

ところが先にみたように、家庭内の虐待が増えてきているのです。現在、虐待を受けた子どもたちで児童養護施設は入りきれません。

虐待までいかなくても、子どもに気持ちが向かない親が増えているように思えて仕方がありません。なぜかというと、子どものこと以前に、夫婦関係がうまくいっていなくて、自分たちのことで精一杯の親が増えているからだと思うのです。

相談に行ったカンセラーの前で夫婦喧嘩をした人がいました。相談に行くこと自体は、まだ脈があるのでしょう。子育てのことで夫婦喧嘩をすることも悪くはないでしょう。しかし、どうして心を落ち着けて話し合いをしないのでしょうか。夫婦がお互いを理解し合えなくなっているのです。ちなみにわが国の離婚の数を掲げておきます。

厚生労働省の発表数字です。

—平成19年の全国の離婚数—

離婚数は254、832組で、前年の257、475組より、2、643組減少しました。

また平成2年の1・28以降は上昇を続けていましたが、平成14年の2・30をピークに減少に転じ、平成19年は2・02で前年の2・04を下回りました（筆者注—人口千人に対する比率）。

図１

年　齢	日　本	韓　国	タ　イ	アメリカ	イギリス	スウェーデン
0～3歳	68.7	78.7	68.5	93.1	92.7	94.4
4～6歳	53.7	61.1	67.0	88.5	89.1	89.2
7～9歳	47.3	57.8	69.4	87.8	78.1	84.6
10～12歳	36.3	52.0	74.4	84.5	83.3	82.7

（注）各国とも0～12歳子どもと同居している親約1,000人を対象に調査。
資料：「家庭教育に関する国民比較調査」平成5年度・6年度（文部省）。

―親の我が子どもの育ちに対する満足感と、子どもの自己評価―

わが国の親が自分の子どもの育ちに対して、どの程度満足しているかという調査をみると、調査した国の中で最低でした。わが国の親は自分の子どもの成長に満足していないのです。図1参照（数字は満足している％です）。

また、子ども自身が自分をどう評価しているかについての調査をみると、日本の子どもの自己評価は調査国の中では最低なのです。

日本青少年研究所が２００２年11月にまとめた中学生の国際調査によると、「私は自分に大体満足している」と答えたのは米国が53・５％、中国も24・３％に上ったのに対し、日本は９・４％にとどまっていました。

わが国の親は、自分の子どもの成長に満足していません。また、子どもは自分の自己評価が低いのです。わが国の親子がこのようになっているということを知っておきたいものです。

もうひとつ紹介したい。親に反抗することは「本人の自由でよい」と回答した者の割合をみると、中国、アメリカの高校生は、2割以下です。それに比べて日本の高校生は8割強になっているのです。

	日本	アメリカ	中国
「親に反抗することは」	85%	16%	15%
「先生に反抗することは」	79%	16%	18%
「学校に反抗することは」	65%	22%	10%

（日本青少年研究所「ポケベル等通信媒体調査」、平成8年）

なぜこのように日本の子どもは、反抗的になっているのかを考えるべきでしょう。ある雑誌では「世界一反抗的な子ども」というタイトルでこの数字を掲載していました。私は、日本の子どもは一見、親から自由にされているかのようですが、そうではないと思うのです。もっと、子どもをひとりの人間として認め、子どものいい分をよく聞くことが必要であると思っています。もちろん聞くだけではなく、親の考え方も伝える必要があると思います。

子どもの考えを聞いて、親子で話し合い、決めたことに対しては、親も協力をし、子どもも、決めた道に向かって努力をすべきでしょう。子どもが努力をしないときには、励ましてあげることも必要でしょう。努力することに対しては、元気づける手助けは必要です。

7. 親子関係での子どもの思い

愛されたい

これらのことを総じて表現するのであれば、やはり、子どもは親から無条件に愛されたい、と思っているということです。

ほかの誰でもない、自分の親から愛されたい、という基本的な欲求は、人間存在として絶対的な根本欲求なのです。親から愛されている子どもは外で何かあっても、忍耐できます。微笑んで対応できます。恨みや敵対心を抱くことはありません。逆に親から愛されない子どもは、他人や物、また小動物に対して攻撃を繰り返すようになるのです。親の愛情に対する訴えはそれほど子どもに影響を与えるのです。

一例をあげて説明しましょう。

ある中学の男の先生は、次のようにいっていました。「私は保育士さんと呼ばれたいですよ。」 そのわけは「私は1年間に、10回首を男子中学生に絞められたのです。彼が首を絞めたとき、私は、抱いてあげるのです。抱いてあげると首を絞めた手を離すのです。彼は、私に抱かれたくて首をわざとしめるのです。彼は親に抱かれていないのです。」

親に抱かれていない子どもがいるのです。最近その数が増えているように思います。自分の子どもに「いない、いない、ばあ」をすることが恥ずかしいと思う母親が増えているということを前から聞いています。もちろん母親だけが悪いのではありません。そういう「いない、いない、ばあ」を真似るモデルが身近にいないのです。見ていないので学習をする機会が少ないのです。

それにしても、親に抱かれていない子どもはかわいそうです。

もうひとつ、例をあげましょう。

母親の傍に横になって大学生の息子がじっと小さくなって寝ていたそうです。びっくりしたその母親は相談に行って育児の経過を話しました。この母親は忙しくて、添い寝をしなかったし、ほとんど自分で抱いて育てなかったとのことでした。息子は小さいころから、ほかの子どもと同じように、添い寝をしてほしかったし、抱いてほしかったのです。アドバイスを受けた通りに、母親は、息子を水泳パンツに着替えさせて、風呂でゴシゴシ洗ってあげたそうです。その息子は両手をあげて母親に洗ってもらったそうです。

ほんの、ひとつの例です。小さいときに愛情の印としての添い寝、抱っこは子どもにとって、心から欲することなのです。子どもへの愛情はそんなに難しいことではないのです。

信じてもらいたい

何があっても、親から信じてもらえることは、子どもの心を安定させます。そして、心が安定すると、人と、人のいのちを大切にする子どもに育ちます。何か困ったことやつらいことが起きても、心を強くして耐えることができます。というより心が安定すると、余裕が生まれてほかの人のことを考えることができるようになります。人の痛みや苦しみに共感できるようになります。このような子どもは、自分と人のいのちを大切にするようになるのです。

この逆は、いうまでもありません。親から信じてもらえないということは、子どもにとって一種の地獄です。一番自分を信じてくれるはずの親が信じてくれなくなると、子どもはどうしてよいかわからず、心の行き場を失ってしまいます。悲しくなり、つらくなり、落ち着かなくなります。そして、何をどうしてよいかわからなくなってしまい、自暴自棄に陥ってしまいます。

信じてもらえないならば、人をも信じないと決めてしまうことになります。やられる前にやってしまう。誰でもよいから攻撃をしてしまう。否、自殺をしてしまう子どもも出てきます。世の中で最も信じてもらいたい親から信じてもらえないならば、そうなってしまうこともわかります。

外でなにか悪いことをしてしまったら親は、なにか、どこか自分たちに原因があるのではないかと、自問することが必要です。わが子をどこか信じていなかったのではないか。うわべでは、信じていたかのように振舞っていたが、実はそうではなかった、と問うことも必要です。自分たちに与えられた子どもを信じ、何かあったら、反省して出直すことが必要です。私は、親のつとめは、「わが子を信じることだ」と思っています。

話を聞いてもらいたい

子どもの心が安定するためには、もうひとつ、子どもの話を親に聞いてもらえることが重要です。子どもも、子どもなりに、自分の世界をもっています。友だち関係のことや、遊びのこと、勉強のことなど親に聞いてもらいたいことがいっぱいあります。親は考え方も子どもとは違いますが、子どもたちは子どもたちの常識で物事を考えます。したがって親はまず、子どものいい分に耳を傾けてあげなければなりません。

これも具体例で説明しましょう。

あるとき、私に電話がかかってきました。

母親「先生、うちの4歳の子が、この頃ママ優しくなった、っていうんです。嬉しくて、嬉しくて。私これまで怒ってばかりで、ママこわいっていわれてたんです。」

私は「どうして優しいっていってくれたんですか？」と聞きました。

母親「講演で、先生が、子どものいい分を聞くようにっていってたので、それを実行したんです。」　私は、ある講演で「子どもが何かいったら、まず、『そうなの』って、受けとめましょう。その後でいいたいことをいいましょう」ということを話したのです。そのことを聞いたお母さんは、これを実行したというのです。

具体的にいうと、お子さんが「ママ、ただいま、公園で遊んでたの」というと、お母さんは「どこの公園で？　誰と何をして遊んできたの。他に誰がいたの、しょうがないわね。」と、矢継ぎ早に、機関銃のように聞き正していたようでした。子どもはあっけにとられてしまい、黙ってしまいます。

私の話を聞いた後は、お子さんが「ただいま、ママ、公園で遊んでたの」というと、「そうなの、公園で遊んでたの」というように変わったとのことです。これは、まずは、子どものいうことを聞いて受け止めたということなのです。子どもは、「あれっ、ママ、怒らない。そうなのって、聞いてくれた。」と思ったようです。そして嬉しくなって、「ママ、優しくなった」といってくれたのです。

そうです。子どものいうことを親の価値観をまず抑えて聞くことを実行することです。私は20年ほど前から、「聴く力」の大切さを訴えてきました。今では、高齢者の施設等で「傾聴力」という言葉で重視されているようです。子どもは親に、自分のいいたいことを受け止めてもらうと、心がはずみます。私は、受け止められているのだ、大切にされているのだ、と感じます。そう感じる子どもは、自分を大切にし、人をも大切にする子どもに育つのです。

教えてもらいたい

子どもは、生まれながらは、ほとんどなにも知りません。人間の赤ちゃんは、ポルトマンという生物学者にいわせると「生理的早産」だといわれます。どういうことかというと、人間の赤ちゃんは、何も知らないで生まれてくる動物だという意味です。生きる基本的な力をもたないで生まれてくるということです。ほかの動物は、生きる力の基本を何かしらもちあわせて生まれてきます。生きるための基本的な知識、技術をもっているのです。

人間の赤ちゃんは、何も知らないという意味で「白紙の状態」であるともいわれます。しかし、人間として、赤ちゃんは必死に生きようとします。人間の生命の分子には「生きたい」という欲求が組み込まれているそうです。人間の赤ちゃんは、「生きたい」と本能的に思って、いろいろなことを知りたがっているのです。学びたいのです。教えてほしいと願っているのです。ですから、親は子どもにいろいろなことを教えてあげなければなりません。

子どもが教えてほしいと思っているのですから、親は無理なく子どもにいろいろなことを教えてあげる必要があります。これを子どもは愛情と受け止めるのです。その中で、叱ってもらえること、怒ってもらえることも愛情であると、子どもは思うのです。

いうまでもなく、ほめてもらえることを子どもは喜びます。親は特に子どもが努力をしたこと、頑張ったことをほめてあげたいものです。うまくできなかったことも、次につなげることの大切さを重視して、ほめてあげることが必要でしょう。

自然の中で過ごしたい

本来子どもは、体全体で自然の中で遊びたいという要求をもっています。このことを親が意識しなければなりません。

わが国の子どもは自然体験がかなり少ないことがわかっています（図2参照）。子どもたちに、自然の中でさまざまな生き物と触れ合うことによって、いのちそのものを感じとることを得させたいと思います。生き物の成長の素晴らしさ、生きていることの美しさを実感することによって、いのちのみずみずしさ、神秘さを体一杯に吸い込む体験をさせたいです。

私の両親は、幼児期から、海や山、林や森、畑に連れて行ってくれました。そのうち私は、近所の仲間と一緒に、またひとりで、山に分け入り、海に潜ったり、泳いだりするようになりました。

図2　自然体験について（青少年の自然体験活動等に関する実態調査 ―速報版― 平成18年6月）

（小学校6年生）

		何度もある	少しある	ほとんどない
チョウやトンボ，バッタなどの昆虫をつかまえたこと	H10	52	29.2	18.8
	H17	35.1	31.6	33.3
海や川で貝を取ったり，魚を釣ったりしたこと	H10	45.2	34.9	20
	H17	26.8	34.1	39.1
大きな木に登ったこと	H10	26.3	32.5	41.3
	H17	20.4	30.3	49.3
ロープウェイやリフトを使わずに高い山に登ったこと	H10	15.7	33.7	50.5
	H17	9.9	25.3	64.8
太陽が昇るところや沈むところを見たこと	H10	24	43.1	32.8
	H17	19.2	39.3	41.4
夜空いっぱいに輝く星をゆっくり見たこと	H10	32	44.4	23.6
	H17	25.4	40.9	33.7
野鳥を見たり，鳴く声を聞いたこと	H10	40.8	36.7	22.6
	H17	31.6	37.7	30.7
海や川で泳いだこと	H10	64.4	27.5	8.1
	H17	44.4	33.7	21.9
キャンプをしたこと	H10	29.9	34.5	35.6
	H17	21.6	31.1	47.3

（小学校4年生）

		何度もある	少しある	ほとんどない
チョウやトンボ，バッタなどの昆虫をつかまえたこと	H10	55.3	32.3	12.4
	H17	48.3	31.1	20.7
海や川で貝を取ったり，魚を釣ったりしたこと	H10	39.5	39.6	20.9
	H17	30.9	34.8	34.4
大きな木に登ったこと	H10	19.5	31.9	48.6
	H17	21.7	28.5	49.8
ロープウェイやリフトを使わずに高い山に登ったこと	H10	8.6	27	64.3
	H17	9.5	19.5	71
太陽が昇るところや沈むところを見たこと	H10	17.8	45.4	36.8
	H17	18.7	38.5	42.7
夜空いっぱいに輝く星をゆっくり見たこと	H10	27.8	47.3	24.9
	H17	26.1	41.4	32.5
野鳥を見たり，鳴く声を聞いたこと	H10	40.9	35.8	23.4
	H17	35	35.6	29.5
海や川で泳いだこと	H10	55.4	32.8	11.8
	H17	44.4	32.6	23
キャンプをしたこと	H10	23.3	29.2	47.6
	H17	19.7	23.9	56.3

特に私は、海の体験は、それは多くあります。忘れられない体験の1つを紹介しましょう。中学1年のときだったでしょうか。

ある夏休みの昼のことでした。「水があるのかな」、と思うくらいに透きとおった、1メートル位の浅い静かな温かい海の中を気持ちよく、水中メガネをつけてあたりを見回しながら、ゆっくり泳いでいました。目の前には、青と黄色と緑色を身につけた10センチ位の大きさのタカベという魚の群れが何千匹と、悠然と泳いでいました。そのときです。突然、曇った空の隙間から、太陽の光が海の中に「サアッ」と、飛び込んできました。海の中の水が、光を迎えて、輝くように明るく変わりました。タカベの群れは、その光の輝きの中を、動きを右に左に方向を変えて、くるくるダンスを踊っているかのように、楽しく泳ぎ回りだしたのです。タカベの群れの青と黄色と緑の色がキラッ、キラッと目にまぶしく、その輝きは、この世のものとは思えないかのような美しさでした。

私は、タカベが、単なる魚ではなく、天から送られてきた天使のように感じられました。あのように、自然の中の魚の美しさを感じたことは、後にも先にもありません。今でも脳裏に焼き付いています。「自然は、こんなにも美しいものなのか」と、中学生の私は、その美しさに圧倒されてしまいました。魚そのものがいのちに溢れているように感じました。

そのとき私は、「この体験は一生忘れないだろう」と、心の奥深くに感じました。そしてその通りになりました。自然は、本当に素晴らしいです。宇宙に通じる、いのちそのものを理屈を超えて、私に感じさせてくれた出来事でした。

家庭でできる「生と死の教育」

家庭では、日常の生活を通して、いのちの教育をすることができます。食べること、お年寄りとのかかわり、動物の飼育の体験、花の栽培、家族の誕生会、病気の人のお見舞い、お産や身うちの葬儀等を通じ、直接、間接的にいのちの教育を可能にします。普段、親がどのような意識でいるのかが問われるのです。

具体的にいうと、家で飼っている小動物のいのちを、どのように子どもに教えていくのか、親の考え方が試されるのです。また、テレビの番組を見ながら、いのちについて会話をするということも大切でしょう。殺人事件や自殺等がニュースで報道されたときに、親が何を子どもにいうのかも大切です。戦争や、争い、自然災害で亡くなった人や、けがをした人たちのことを、どう子どもに伝えるのかも大切です。

いのちの教育は、特別な時間をとって行うというより、日常の生活のいろいろな場面で自然になされるものです。これが基本だと思います。

8. 保育園、幼稚園でのいのちの保育

保育園の実践例

かつて、東京都伊豆大島町の泉津で聞いた保育園の実践です。この村では村の高齢者の方々に保育園の園児たちが、昼の弁当を届けに行くのだそうです。可愛い園児たちの昼のお弁当の配達を、お爺さん、お婆さん達は、それは楽しみにして待っているそうです。可愛い孫たちのいのちの中に、無意識のうちに、自分のいのちをバトンタッチできる喜びを感じるからなのでしょうか。確かなことはわかりません。子どもたちにあげるお菓子や飲み物を用意して待っているのだそうです。

園児たちも、お爺さんやお婆さんたちと会えることを、楽しみにしているのだそうです。怒りもしないでニコニコしながら、遊びを眺めてくれる、お爺さんやお婆さんのいのちを、ゆっくり受け継いでいるかのように、のんびり過ごすのだそうです。

私は、地域で高齢者の方々と触れ合う機会をもっと多くして、子どもたちに、人生を経て来られた人間としての先輩から、いろいろなことを学ぶことを企画したらどうかと思っ

ています。楽しかったこと、感動したこと、戦争体験の話、地震や災害の話、わが子を事故や病気で亡くした方の話等を聞く機会を設けたらよいのにと思います。

いのちの教育は、いのちを生き抜いてこられた地域の高齢者の方々と触れ合うことによってなされるのではないでしょうか。

幼稚園の実践例

東京の昭島幼稚園の子どもたちの、いのちの学びについて紹介しましょう。

東京の私立昭島幼稚園の園児たちは、アジアの小国、インドの東に位置づくバングラデシュの子どもたちのことを学び、保護者と共に援助活動をしています。園児たちは、バングラデシュの、貧しく、生きていくことが困難な子どもたちのことを知って、生きることの難しさと大切さを学んでいます。この活動について紹介しましょう。

アジアキリスト教教育基金（The Asia Christian Education Fund　略称　ＡＣＥＦ）という民間の組織があります。この組織は、アジアの貧しい子どもたちのために、教育を援助する団体です。昭島幼稚園は、この団体に所属しています。

まず、この幼稚園がどのようにして子どもたちにアジアの子どものことを話したかを、

ＡＣＥＦの機関誌にその経過を書いた文章があるのでそのままを紹介しましょう。

「私たちの園では、通常の保育活動の中にＡＣＥＦ運動を取り入れ、その活動への参加をとおして、保育活動が一層豊かになっていきました。まず、園長先生の提案で、Ｆ先生に『アジアの子ども・日本の子ども』と題してお話をお願いし、父母の皆様の共感を得、自主的にお母さま方によってＡＣＥＦのボランティア活動がはじまりました。

10月よりアルミ缶、牛乳パック、乾電池等の回収を始め、週に一度、水曜日の登園児に、お母さんと一緒にバングラデシュのお友だちの事を話し合いながら次々と缶が集まってきます。係のお母さんは、ＡＣＥＦの話を他のお母さんや子どもたちに伝えながら、てきぱきと缶つぶしや種分けが行われていきます。同時に寄金箱の設置と第一月曜日の礼拝献金は全額ＡＣＥＦへと決定しました。また、バザーでは、卒園生の父母によるＡＣＥＦのためのやきそばコーナーや職員手作りのプーサンペンダントコーナーが、アフリカのお友だちの事も覚えて設けられました。また、機会あるごとに、お母さま方によってリサイクルコーナーが設けられその純益はＡＣＥＦに回ります。

一方『ＡＣＥＦ便』が発刊され、活動の報告が他の父母のみなさんへ知らされ、また、活動の中で学んだ事や活動の在り方を広くみなさんから意見を募り合っています。ＡＣＥＦ

の寺子屋の写真等を各クラスに展示し、バングラデシュのお友だちの姿を見せながら、年少年中組には、お友だちと共にある楽しさの展開として、世界にはお友だちがいっぱいいる事に気付かせ、また、バングラデシュの国の美しさ、人々が物を大切にしていること、子どもたちがしっかりお話を聞く力があること等を話します。さらに年長組では、三学期に『より広い世界へ』をテーマに各国の旗づくりをする中で、バングラデシュの国旗を作り、加えて病気や洪水の多い国である事を話しました。教室には子どもたちの作った緑の大地に真っ赤な太陽のバングラデシュの旗が次々と飾られていきます。続いて、それではもっと親しいお友だちになるにはどうしたらよいかが話し合われました。子どもたちから、お手紙を出す、絵の交換をしたい、一緒に遊びたい等意見が次々に出されました。教師がバングラデシュには幼稚園が少ないことを話すと、子どもたちはバングラデシュにも幼稚園がたくさん出来るといいねと手がたくさん上がりました。そこでACEFの話をしますと、『知ってるよ』『お母さんと一緒にやってる』『ACEFで一緒にバングラデシュのお友だちの幼稚園をつくるんだよね』とまるで家庭での話し合いがそのまま聞こえるようでした。子どもたちの、ごっこあそびにも、ACEFやバングラデシュのお友だちのことが登場するようになりました。『分けっこする？　バングラデシュのお友だちと』とか、大積み木で幼稚園を建てそこにバングラデシュの旗を建てたりして遊ぶようになりました。ＡＣＥＦの寺子屋が増えたという報告を聞き、みんなで歓声をあげて喜び合えるようにもなりました。

家庭においても園においても、物を大切にすることについてみんなで考えはじめた時から、ゴミ分けやリサイクルがよく出来るようになってゆき、包装紙を折り紙として使うようになったり、各々自分のライフスタイルの誤りに気づかされていきました。そして、これらの活動を通じてバングラデシュの『ために』ではなく、バングラデシュのお友だちと『ともに』の認識が生まれてきました。豊かさといわれる中で、私たちの失ってきた大切ないくつもの事柄がバングラデシュには健全と生きづいていることも知らされました。教育の在り方についても、自然の保全についても、資源の用い方についても、バングラデシュの方々からその基本を示唆されることがしばしばありました。

こうした中で私たちは、五月十九日マラカール先生を当園にお迎えしました。マラカール先生との出会いをとおして子どもたちは、その幼い心に深く『ともに』『分かち合う』喜びを一層深めたことでしょう。これこそ、キリスト教幼児教育の真理だと深く思わされたひとときでした。」

この幼稚園の子どもたちは、世界には友達がいっぱいいること、バングラデシュには幼稚園があまりないことを知りました。そして、病気や洪水が多いということも知りました。「幼稚園を作ろう」「お手紙を出す」「絵の交換をしたい」「一緒に遊びたい」等の声が子どもたちからあがりました。そして、「バグラデシュの子と分けっこする？」等の言葉も出るようになりました。また、ACEFの寺子屋ができたことを聞いて、歓声を上げて喜ぶことも体験しました。他の国の貧しい子どもたちと「ともに」生きることを、このような活動の中で学びとっているのです。この幼稚園で大切にしていることは、「ために」ではなく、「ともに」なのです。豊かな日本の子どもたちが、貧しい国の子どものために、「してあげる」という優越感的な気持ちを抱かないで「ともに」生きることを大切にしているのです。

この幼稚園のように、いのちの教育は、貧しい仲間のために動くことをとおしてなされるのです。いのちを保ちにくいバングラデシュの友達のために活動をすることをとおして、子どもたちはいのちへのかかわりを体験するのです。子どもたちは、週の初めの月曜日には、1週間、ジュース等を我慢したお金をもち寄って「捧げる」のです。誰かのために、小さいときから、「捧げる」という体験は、子どもの心に、ほかの人を思いやる気持ちを育てることにつながると思うのです。

9. 学校教育の取り組み

「幼稚園教育要領」「保育所保育指針」「学習指導要領」の確認

第1章で、「幼稚園教育要領」「保育所保育指針」「学習指導要領」においては、いのちの教育は基本にすえられてはいない、ということを確認しました。したがって、国が定めたこれらの内容を受けて、幼稚園、保育園、学校ではいのちの教育はさほど重視されていない、ということも理解しました。

しかし、そうはいっても、いのちの教育がまったくなされていない、ということではありません。私たちは、国が定めた教育内容を、うまく取り入れていのちの教育を展開しなければなりません。というより、すでにいのちの教育を実践している人たちがいるということを知って、それらの人たちから学びとり、多くの学校でいのちの教育がなされるようにしていかなければならないと思います。

保育園、幼稚園でのいのちの教育については、わずかながらも紹介したので、ここでは学校での、いのちの教育を紹介しましょう。

先生の考え方、生き方、人間性の重要性・潜在的なカリキュラム

いのちの教育は、何よりもそれを実践する先生の考え方、生き方、人間性が問われなければなりません。先生個々人が、いのちの教育が大切であるという考えに立っていなければ、いのちの教育実践は生まれません。教育実践を展開する前に、先生個人がいのちの大切さを日常考えていれば、特別に子どもたちにいのち、いのちといわなくてもいつの間にか伝わることがあると思うのです。

そして、先生自身がいのちを大切にして日々生きていれば、その態度が子どもたちに有形無形に伝わるのではないでしょうか。その態度は、国語の授業や、道徳の授業などで、かもし出されるのではないでしょうか。殺人事件や、いじめによる自殺、また、戦争や紛争のニュース等を取り上げるときも、そういう先生の話は子どもたちの心に染みとおっていくのではないでしょうか。

イリッチという学者は、「潜在的カリキュラム」という言葉を使ってそういう先生の在り方を説明しています。普通、カリキュラムとは「教育課程」と訳されます。これは簡単にいうと「学校における系統だった生活の見通し」ということができましょう。そして、この教育課程の内容を先生たちは、文字化するのです。学校生活の何を、どういう順序で

組み立てるのかを文字に書いてわかるようにするのです。

しかし、そのように文字に書かれたた内容は、「学習指導要領」に則ったものであり、どの先生にとっても基本的には同じものです。しかし、先生個々人のものの考え方、生き方は異なります。それらは、別に文字として書かれているわけではありません。イリッチにいわせると、書かれていない、人としての考え方や人間性そのものが子どもに伝わるというのです。

いのちの教育もまずは、この書かれていない先生の人間性や価値観等の「潜在的なカリキュラム」「隠れたカリキュラム」ともいいますが、これが大切だと、私も思います。

校長の在り方、学校教育全体の考え方

いのちの教育は、先生個人の力では限界があります。学校の教育は何といっても校長の力が強く、その影響力は大きいのです。ひとつの学校がどのような教育を進めるのかは、校長の考え方に左右されるのです。

その意味では、校長のいのちの考え方、いのちの教育の考え方が問われることになります。校長がいのちの大切さを深く捉え、学校教育全体でいのちの教育を推進していこうと

考えれば、かなりの効果ある実践がなされると思います。全国の校長先生に、是非いのちの教育を考えて、取り入れてもらいたいと切に願います。

実は、いのちの教育を自らの癌の病をとおして実践した校長がいるのです。紹介しましょう。

末期癌の校長の実践 ― 大瀬敏昭先生のいのちの授業 ―

大瀬校長の、いのちの教育実践を紹介することで、小学校の実践の紹介としたいと思います。

大瀬校長は、2002年に癌が再発し、2004年に永眠されました。先生は最後の2年間、自らの授業を「いのちの授業」のテーマに絞り、3年生から6年生の教室で計18回行ったそうです。

先生は、昨今の子どもの事件や、社会の、いのちを大切にしない様相を嘆き、いのちの教育を実践しました。先生はいのちの教育の重要性を次のようにいっています。

「科学技術の進歩で生活が豊かで便利になった。しかし、その反面、私たちは大事なものを忘れてしまった。つまり、20世紀の豊かさと便利の陰で、命の繋がりや、重みを軽視するという、憂うべき状況に人々は陥っているのである。その忘れてしまった『大切なもの』を取り戻さなければならない。今こそ、いのちを基本にした社会にしなければならない。では、このような状況の中で、命の繫がりや重さを子どもたちにどのように伝えていけばよいのか。それが、私に与えられた大きな課題である。」

そして先生は、いのちの教育の必要性を次のようにいっています。

「学校の中で『デス・エデュケーション』の必要性を感じたのは、次の理由による。それは、教育の中であまりにも非日常的なものとされてしまった『死』を、『タブー』から『開かれた世界』に引き出し、誰でもが自然な気持ちで話し合えるものとする必要があるのではないかという考えからきている。『死』を考えることによってはじめて真実の『生』を考えることができるようになる。『死』を語ることで生きることの意味、命の重みを伝えていきたいと考える。いずれにしても、憂うべき社会状況の中で、命の繫がりや重さを子どもたちに伝えたいと願う。」

大瀬先生も、私たちと同じように、死を考えることによって、「生」を考えたいといっています。

このように考える大瀬先生は、命を3つの側面で考えています。1つが、「個体としての命」です。これは、個々の命を指します。これは限りがある命です。2つ目には、「種としての命」です。これは、人間として、種族として、あるいは家族としてリレーされる命です。有限な命に対して「連続する命」といってよいと思います。3つ目には、「心としての命」「魂としての命」です。有限な命、リレーされる命に対して、これは「無限な命」であり、「永遠の命」と考えることができます。

いのちをこのように考える、大瀬先生の6年生の「絵本」の読み聞かせの授業の一部を紹介しましょう。

大瀬先生は、『わすれられないおくりもの』『100万回生きたねこ』『あおくんときいろちゃん』等の絵本をそれまで読んで来ました。そして次のように授業のまとめをしました。

「そろそろまとめますね。何を一番お話ししたかったかというと、私たちは、君たちもそうですが、全員共通しているのは、みんな同じなのです。何が同じなのかというと、いつかは必ず死ぬということ。これは逃れられない。ただ、ちょっと早く死ぬ人もいます。ちょこっとだけ長く生きるかも・・・。でも、さっきの熊の、大自然の中から考えると、それほど時間はないんだよね。とても長い自然の時間から考えれば、ちょっと早いか、ちょっと遅いか。共通しているのは、全員死ぬということ。これらの本を読んでいたら、それに気がついた。

（中略）そういうことをいろいろ考えていったら、死ぬということは、私たちはどうも生というこちらからばかり考えている。ずっと生きているから、命があるから、いつかは死ぬなぐらいに考えているけれども、よくよく考えたら、死のこちらから考えることではないかなと思うのです。ちょっと難しいですけれどもね。

みんな死ぬのだから。死ぬということは、生きることなのだなという、死ぬまでどういうふうに生きるのかなということ。私たちは、死をあまり意識しないから、だらだら生きていく。でも実は、よく考えたら、必ず死ぬわけで、どんどんこれに近づいていく。1日1日1秒1秒近づいて行く。やっぱり死ぬまで自分の命を大事にしなきゃいけないということに、一つ気がついたのです。」

大瀬先生の授業を聞いた子どもたちの感想を紹介しましょう。

「私は今日校長先生に『いのちの学習』をとおして教えてもらったことがいっぱいあります。いままで私は、死にたくない、と思っていましたが、校長先生のお話を聞いて、『死ぬことは生きること』ということを教えてもらいました。たとえ身体はなくなっても、心はまだ生き続けていると思うとうれしいです。だから、私は一日一日を大切に生きていきたいと思います。今日の校長先生の授業は、私の人生の宝箱に大切にしまっておこうと思います。」(6年男子)

「校長先生、今日は貴重なお話をありがとうございました。校長先生の身体が、今そのような状態だったとは、想像もしていなかったので、私にとってはとてもしょうげきてきなお話でした。私は、今日の校長先生の授業で、生きること死ぬことを深く考えました。死ぬことってどんな事なんだろう。それを考えると『今』ってとても大切なんだなとおもいました。もう生きられない、そう思っても今を一生けんめい生きることが大切なことも分かりました。それに、自分だけじゃなく家族、友だちがどんなことでも支えてくれるということも心に残りました。校長先生、私は今を一生けんめい生きていきます。死んでしまったとき、みんなの心に残るような人になりたいです。生きることの大切さ、幸せをいっぱい感じていきます。」(6年女子)

「ぼくはちょうど1年ちょっと前、ぼくの弟が亡くなりました。ぼくの弟は、5歳の時に死んでしまいました。校長先生のお話で、命の大切さを、今言葉で言いきれないほど分かります。ぼくも一日一日元気に生きていきたいと思います。校長先生も長生きして下さ

い。命の大切さは、忘れません。本当にありがとうございました。一生忘れません。」(6年男子)

ひとりの、癌にかかった校長先生のいのちの授業を、子どもたちは心深く受けとめています。多様な内容のいのちの授業が学校で今なされつつあります。詳しい内容をここで紹介することを今回はしません。大瀬先生の授業を受けて、子どもたちが感想の中でいっているように、いのちの授業を通して、日本中の子どもたちが、毎日一生懸命に生きて行ってほしいと切に願います。

ほかにも、いのちの教育実践の例は多くあります。最近では、実践の本も出回ってきていますので、調べて読んで学んでいただきたいと思います。

考えたいこと

現在、わが国の自殺者は10年連続で3万人を超えています。これは驚くべき数です。自殺の原因は、人によって異なり、一緒にしてこの数字を解釈してはいけないと思います。しかし、人が死んでしまったという事実を私は重く受け止めたいと思います。

また、事件で亡くなる人もいます。いじめられて亡くなる人もいます。事故で亡くなる人もいます。

そういう現実の中で、何度も繰り返すようですが、子どもたちが、いのちの教育を受けることで、自分と他の人のいのちを大切にするように育ってほしいと思います。そして、世界の戦争で亡くなる子どもや、貧困で薬がなくて死んでしまう子ども、病気でいのちの危険にさらされている子どもたちのことを気遣う、優しい子どもに育ってほしいと思います。

何よりも子どもたちが、今日を大切に生きてほしいと思います。教育は、いのちを大切にすることを目ざしてなされなければなりません。教育の原点は、ここにあると思うのです。今こそわが国の教育の内容を冷静に見直す必要があると思います。経済的な側面、世界的なテストの成績にこだわるなどということを離れて、教育の基本を問うことをしなければなりません。そうでないとわが国の子どもたちは、教育自体に顔をそむけるようになるのではないでしょうか。

大人が、政府が、教育の真のあり方を求めないと、子どもたちから、じわじわと反発を食う羽目に陥ってしまいかねません。子どもたちは、私たちが想像する以上に、人間としての心をもちあわせているのです。

おわりに

この本で私は、「いのちから、子育て、保育、教育」を見直し、子どもたちがいのちを大切にするようになってほしいと願い、そして、私自身が、子どもに顔向けができる大人になりたいと思って書きました。内容のすべては、「生と死」に焦点を当てた、「子育て、保育、教育の基本」であると思っています。

私は、現在の社会の状況を見て、今こそいのちの視点で子育て、保育、教育を捉えなおすことが要求されていると考えました。読者の皆様のご批判を仰ぎたいと思っております。

いっこうに原稿が進まず、前立腺癌の病気を抱えた私を、静かに見守り、協力し助けてくれた家族に感謝します。

そして、この本の執筆のために声をかけて下さったシリーズ企画者の代表である大場幸夫氏、原稿がかなり遅れたにもかかわらず、忍耐して快く待って下さった、社長の塚田尚寛氏、出版部の廣田喜昭氏に心から感謝申し上げます。

参考文献

文中に紹介しなかった主な参考文献を掲載します。

第1章

中村博志『死をとおして生を考える教育　子どもたちの健やかな未来をめざして』川島書店、２００３年。
飯田史彦『生きがいの創造』ＰＨＰ、１９９６年。
ボルノウ　峰島旭雄訳『実存哲学と教育学』理想社、１９６６年。
ルソー　今野一雄訳『エミール上』岩波書店、１９６２年（上）１９６３年（中）１９６４年（下）。

第2章

広井良典『死生観を問いなおす』筑摩書房、２００１年。

ハイデッガー　細谷貞・亀井祐・船橋弘共訳『存在と時間―下巻』理想社、１９６９年。

森岡正博『生命学に何が出来るか　脳死・フェミニズム・優生思想』勁草書房、２００１年。

竹田純郎・森秀樹編『〈死生学〉入門』ナカニシヤ出版、１９９７年。

島薗進・竹内整一［編］『死生学［1］　死生学とは何か』東京大学出版会、２００８年。

平山正美『死生学とはなにか』日本評論社、１９９１年。

関根清三［編］『死生観と生命倫理』東京大学出版会、１９９９年。

竹田純郎・横山輝雄・森秀樹編『生命論への視座』大明堂発行、1998年。

中村元『人生を考える』青土社、2000年。

中村元『中村元構造倫理講座Ⅲ〈生命〉の倫理』春秋社、2005年。

近藤卓編著『いのちの教育の理論と実践』金子書房、2007年。

森岡正博編『6つの対話　現代文明は生命をどう考えるか』法蔵館、1995年。

諸富祥彦『生きていくことの意味　トランスパーソナル心理学・9つのヒント』PHP新書、2000年。

D・V・ハート　井桁碧訳『死の学び方　DEATH　The Final Frontier』法蔵館、1992年。

森岡正博『無痛文明論』トランスビュー、2003年。

丸山圭三『生の円環運動』紀伊國屋書店、1992年。

山本光雄・戸塚七郎「後期ギリシア哲学者資料集」岩波書店、1985年。

鈴木康明編集『生と死から学ぶいのちの教育』現代のエスプリ394、至文堂、2000年。

澤井敦『死と死別の社会学　社会理論からの接近』青弓社、2005年。

アルフォンス・デーケン『よく生き　よく笑い　よき死と出会う』新潮社、2003年。

武川正吾・西平直編『死生学［3］　ライフサイクルと死』東京大学出版会、2008年。

岩波講座　哲学13『宗教／超越の哲学』岩波書店、2008年。

E・キューブラー・ロス　伊東ちぐさ訳　阿部秀雄解説『死後の真実』。

ON　LIFE　AFTER　DEATH　日本教文社、1995年。

『死ぬ瞬間　On Death and Dying　死とその過程について』読売新聞社、1998年。

カール・グスタフ・ユング『ユング自伝2―思い出・夢・思想』みすず書房、1973年。

立花隆『臨死体験』㊤文藝春秋、1994年。

立花隆『臨死体験』㊦文藝春秋、1994年。

立花隆『証言・臨死体験』文藝春秋、1995年。

カール・ベッカー編著『生と死のケアを考える』法蔵館、2000年。

第3章

『いじめ・自殺・遺書』子どもの幸せ編集部、1995年。

ボルノウ　峰島旭雄訳『実存哲学と教育学』理想社、1966年。

菅野盾樹『いじめ＝〈学級〉の人間学シリーズ・子どもの心とからだ』新曜社、1986年。

前島康男『増補・いじめ―その本質と克服の道すじ―』創風社、2003年。

森田洋司／清永賢二　新訂版『いじめ　教室の病い』金子書房、1986年。

東京都　平成7年度「いじめ問題」研究報告書　―いじめ解決の方策を求めて―　東京情報連絡室　都政情報センター管理部事業課、1996年。

尾木直樹『いじめない自分づくり　子どもの自己変革に挑んだ教育実践』学陽書房、1997年。

第4章

ポルトマン　高木正孝訳『人間はどこまで動物か　新しい人間像のために』岩波書店、1961年。
丸定子編著『いのち教育をひもとく―日本と世界―』現代図書、2008年。

大瀬敏昭＝茅ヶ崎市浜之郷小学校　初代校長『輝け！　いのちの授業　末期がんの校長が実践した感動の記録』小学館、２００４年。

山折哲雄『無常という名の病　受け継がれる魂の遺伝子』サンガ新書、２００８年。

日野原重明『いのちの授業』ユーリーグ、２００６年。

岡本富郎（おかもと・とみお）

1944年　東京都伊豆大島生まれ
1979年　早稲田大学大学院文学研究科博士後期課程単位取得
現　在　明星大学人文学部，同大学院人文学研究科教授

主要著書　『声なき叫びが聞こえますか』（いのちのことば社）
『教育と学校を考える』（勁草書房－共著）
『保育とはどんなことか－そのいとなみの反省と展望－』（川島書房－共著）など多数

（検印省略）

2009年８月24日　初版発行　　略称－いのち

子どものいじめと「いのち」のルール
—いのちから子育て・保育・教育を考える—

著　者　岡 本 富 郎
発行者　塚 田 尚 寛

発行所　東京都豊島区池袋3－14－4　株式会社　創 成 社

電　話 03（3971）6552　　ＦＡＸ 03（3971）6919
出版部 03（5275）9990　　振　替 00150-9-191261
http://www.books-sosei.com

定価はカバーに表示してあります。

ISBN978-4-7944-5034-0 C0236
Printed in Japan

組版：でーた工房　印刷：平河工業社
製本：宮製本所
落丁・乱丁本はお取り替えいたします。

創成社保育大学新書シリーズ刊行にあたって

このたび、保育大学新書シリーズを刊行することになりました。

保育実践に関する本の数は膨大なものであります。とりわけ、保育現場の要請に応えるかたちで、実践のノウハウに関する著書がその大半を占めています。地域の子育て家庭の支援などが保育現場の重要な役割として評価をされ期待される時代ですから、この傾向は、衰えるどころかむしろ増加の傾向にあるといえましょう。そのように保育者に求められる知識や技術は実際的な生活支援という直接的な働きにとって欠かせない情報であるからでしょう。

このことを了解しながら、もう一方で、とくに最近の保育現場では、質の高い保育を求め、その質を確実に担う専門職としての保育者にも高い専門性を求められる気運が生じて参りました。折しも、本シリーズ刊行の年に、保育所保育指針が改定されました。指針が告示化され最低基準の性格をもつことになったのです。養護と教育の一体となった実践は、専門的な保育者によって、組織的で計画的な実践の営みを通して、子どもの最善の利益を護る生活の場を構築するという重要な役割であることを、これによって確認できたのです。

このような情勢を踏まえ、今回の企画は、実践の限られた世界を超えて、子どもの世界、子どもを支えるおとなの取り組みなど、幅広くそしてより深く自らの専門役割を認識し、保育実践を見据えることのできるように、興味深いテーマごとに刊行をしてまいります。

本シリーズの中から、〝この一冊〟を手にされ、そこに展開されるテーマの奥行きに触れるとき、新たな保育の地平線に立つご自身であることをお気づきになられるに違いありません。そのような保育大学新書シリーズとして、保育に関心をおもちの多くの皆様に、お読みいただけることを願うものであります。

大妻女子大学学長　大場幸夫